U0783610

第8届"外教社杯"
全国高校外语教学大赛（职业院校组）

总决赛获奖教师
教学风采

含专家点评
附比赛视频和教学PPT下载

教育部职业院校外语类专业教学指导委员会
教育部高等学校外国语言文学类专业教学指导委员会
教育部高等学校大学外语教学指导委员会
上海外语教育出版社

上海外语教育出版社
外教社 SHANGHAI FOREIGN LANGUAGE EDUCATION PRESS
www.sflep.com

图书在版编目(CIP)数据

第八届"外教社杯"全国高校外语教学大赛（职业院校组）总决赛获奖教师
教学风采/教育部职业院校外语类专业教学指导委员会等编.
—上海：上海外语教育出版社，2018
ISBN 978–7–5446–5213–1

I. ①第… Ⅱ. ①教… Ⅲ. ①英语—教学法—高等学校 Ⅳ. ①H319.3

中国版本图书馆CIP数据核字(2018)第052521号

出版发行：上海外语教育出版社
　　　　　　（上海外国语大学内）　邮编：200083
电　　话：021-65425300（总机）
电子邮箱：bookinfo@sflep.com.cn
网　　址：http://www.sflep.com.cn　http://www.sflep.com
责任编辑：刘　芯

印　　刷：上海叶大印务发展有限公司
开　　本：787×1092　1/16　印张 5.75　字数 144千字
版　　次：2018 年 4 月第 1 版　2018 年 4 月第 1 次印刷
印　　数：5 000 册

书　　号：ISBN 978-7-5446-5213-1 / G
定　　价：45.00 元

本版图书如有印装质量问题,可向本社调换

第八届"外教社杯"全国高校外语教学大赛（职业院校组）专家委员会

（按姓氏笔画顺序）

丁　菲	江　峰	沈银珍	崔　卫
丁国声	池　玫	陈立伟	常红梅
刁建东	祁寿华（美）	陈明娟	梁华蓉
文秋芳	余渭深	周瑞杰	黄　星
王　鹏	吴　敏	范勇慧	黄光芬
王守仁	吴　寒	郑仰成	黄源深
王丽萍	张春玲	郑新民	彭　丽
王君华	李　力	金　艳	曾用强
王海啸	李　晓	贺雪娟	程晓堂
王朝晖	李富森	赵　红	董剑桥
田兴斌	李霄翔	赵　颖	樊葳葳
石　坚	束定芳	唐力行（美）	滕树立
刘照惠	杨志忠	徐小贞	戴炜栋
刘黛琳	杨治中	徐世昌	Donald Freeman（美）
庄智象	杨惠中	贾国栋	

大赛纪要

第八届"外教社杯"全国高校外语教学大赛（职业院校组）纪要

　　2017年11月25日至27日，由教育部职业院校外语类专业教学指导委员会、教育部高等学校大学外语教学指导委员会、教育部高等学校外国语言文学类专业教学指导委员会和上海外语教育出版社举办的第八届"外教社杯"全国高校外语教学大赛（职业院校组）全国总决赛在上海外国语大学顺利落幕。从数百所高校脱颖而出的29位各省分赛区冠军选手汇聚上海外语教育出版社，在全国的舞台上比拼教学技能、展示教师风采，角逐中国高校外语教学的最高奖项。

　　自2010年起，"外教社杯"全国高校外语教学大赛已成功举办了七届，现已成为我国规模最大、层次最高、影响最广的外语教学专项比赛。第八届"外教社杯"全国高校外语教学大赛于2017年3月正式启动，在教育部职业院校外语类专业教学指导委员会的指导下，大赛结合我国国情和实际，遵循职业教育规律，抓住关键、突出重点，以赛促教、以赛促学、以赛促改，切实提高职业英语教学质量与水平。今年首次为职业院校增设了微课比赛，旨在更新教学理念，提倡在课堂中融入新媒体技术，在现代科技背景下研究新的教学手段和模式。

教育部职业院校外语类专业教学指导委员会主任委员
刁建东教授（左一）为特等奖获奖者颁奖

经过三天全国决赛、总决赛的激烈角逐，最终，来自山东外贸职业学院的刘晓兰老师获得本次大赛的特等奖。武汉城市职业学院的章昀萱老师、上海第二工业大学的罗玲老师和江苏财经职业技术学院的冯伟老师获得一等奖。来自北京电子科技职业学院、南昌师范学院、南通师范高等专科学校、广东交通职业技术学院、河南经贸职业学院、海南外国语职业学院等的20多名老师分别获得了二、三等奖。

大赛在组织和实施过程中得到了国家教育部、各省市教育厅、外语教学指导委员会、外语教学研究会、外文学会和承办院校等有关机构的大力支持，尤其得到了承办院校和当地教育主管部门的高度重视。大赛还得到了中国日报社·二十一世纪英语教育传媒、圣智学习集团、麦克米伦教育集团、康乃馨出版集团、纽约大学等合作单位的鼎力协助。

前教育部职业院校外语类专业教学指导委员会主任委员刘黛琳
教授（左一）、上海外国语大学副校长冯庆华教授（右一）
为一等奖获得者颁奖

"外教社杯"全国高校外语教学大赛始终秉持公正、权威、严谨、务实的原则，从历届大赛中涌现出的一大批高素质外语教师，展现了我国高校外语教师教学的最高水平，并在各自的教学岗位中持续发光发热，助力中国外语教育事业的发展。八年来，"外教社杯"全国高校外语教学大赛为推动我国外语教学的改革、促进我国外语师资队伍建设、提升高等教育教学质量，做出了独特贡献。

教育部职业院校外语类专业教学指导委员会副主任委员曾用强
教授（左一）、教育部职业院校外语类专业教学指导委员会副主
任委员丁国声教授（右一）为二等奖获得者颁奖

评委简介（按姓氏笔画顺序）

丁国声 教授

河北对外经贸职业学院院长、教授，教育部职业院校外语类专业教学指导委员会副主任委员、中国高等教育学会数字化课程资源研究分会副理事长，河北省高校外语教学研究会副会长，河北省教育文化国际交流与合作协会副理事长。

王海啸 教授

南京大学大学外语部教授、博士生导师，教育部高等学校大学外语教学指导委员会秘书长，江苏省高等学校外国语教学研究会副会长，江苏省外国语言学会副会长，中国英语教学研究会计算机辅助外语教学专业委员会副主任委员，亚洲英语教师协会副会长。

李 力 教授

西南大学外国语学院教授、博士生导师，全国翻译专业学位研究生教育指导委员会委员，中国教育学会外语教学专业委员会副理事长。

李富森 研究员

天津商务职业学院副院长、研究员，教育部职业院校外语类专业教学指导委员会委员，全国报关职业教育教学指导委员会副主任委员，中国高等教育学会数字化课程资源研究分会常务理事，天津市商务行业职业教育教学指导委员会秘书长。

沈银珍 教授

浙江经贸职业技术学院国际贸易系党总支书记、系主任、教授，教育部职业院校外语类专业教学指导委员会委员，浙江省大学外语教学研究会高职分会会长，全国优秀教师，浙江省教学名师。

陈明娟 教授

上海市工商外国语学校副校长、教授,教育部职业院校外语类专业教学指导委员会委员,上海市外文学会常务理事,上海市外文学会高职高专外语教学专业委员会主任,上海市中专、技校教师高级专业技术职务任职资格评审委员会委员。

邵红万 教授

扬州职业大学外国语学院院长、教授,江苏省"333高层次人才",江苏省高校"青蓝工程"优秀骨干教师,江苏省高等学校外国语教学研究会高职高专分会副会长,江苏省职业院校应用外语研究会常务理事,扬州市中青年突出贡献专家。

董剑桥 教授

江南大学学术委员会委员,中国英语教学研究会计算机辅助外语教学专业委员会副主任,江苏省高等学校外国语教学研究会常务理事,江苏省外国语言学会常务理事,江苏省翻译协会常务理事。

贺雪娟 教授

长沙民政职业技术学院外语学院院长、教授,教育部职业院校外语类专业教学指导委员会委员,全国外经贸职业教育教学指导委员会委员,国家级教学名师。

曾用强 教授

广东省外语艺术职业学院校长,广东外语外贸大学博士生导师,教育部职业院校外语类专业教学指导委员会副主任委员,广东省高职教育外语教学指导委员会主任委员,全国英语教育研究会副会长。

第八届"外教社杯"全国高校外语教学大赛（职业院校组）

总决赛获奖名单

特等奖

刘晓兰	山东	山东外贸职业学院

一等奖

章昀萱	湖北	武汉城市职业学院
罗　玲	上海	上海第二工业大学
冯　伟	江苏	江苏财经职业技术学院

二等奖

刘　颖	北京	北京电子科技职业学院
秦雅芬	江西	南昌师范学院
季佳平	江苏	南通师范高等专科学校
姚素华	广东	广东交通职业技术学院
彭一飞	河南	河南经贸职业学院
吴燕蔓	海南	海南外国语职业学院

三等奖

潘　旭	安徽	芜湖职业技术学院
温亚楠	天津	天津中德应用技术大学
边宇琪	浙江	浙江旅游职业学院
梁笑梅	辽宁	大连职业技术学院
赵翠玲	河北	保定学院
汪小培	四川	电子科技大学成都学院
姚　瑶	黑龙江	黑龙江建筑职业技术学院
董玲玉	云南	昆明工业职业技术学院
王秀娟	湖南	湖南铁道职业技术学院
吕红丽	新疆	乌鲁木齐职业大学
田　添	宁夏	宁夏理工学院
毛陶天	重庆	重庆城市管理职业学院
李宝强	山西	山西省财政税务专科学校
郭冬梅	吉林	吉林交通职业技术学院
赵丽娟	内蒙古	呼和浩特职业学院
陆慧娟	广西	广西工业职业技术学院
郑李春	福建	福建船政交通职业学院
张　莹	陕西	西安翻译学院
保　静	甘肃	甘肃卫生职业学院

目　录

大赛点评：

祝贺本次大赛取得圆满成功！

大赛比较真实地反映了我国职业院校英语教学的实际情况，展现了职业院校英语教师们的风采。参赛教师们在授课和说课中的表现从容自信、反应敏捷、思路清晰、侃侃而谈，让人感到后生可畏，感到欣喜。他们虽然只是我国职业院校英语教师的佼佼者中的一小部分，但我国职业院校英语教师的整体实力，由此可见一斑。

在授课中，参赛教师们对所教课文的理解基本到位，而且各有各的处理方法和路子。在各个教学环节中，参赛教师们基本上都做到了关注学生，鼓励参与和互动，让学生有机会实践和练习，采用多种方式引导学生积极思考，这有助于提高学生的思维品质。在对PPT的使用上，也体现出针对性较强、与教学内容关联度较高的特点。在PPT的设计上也是各有千秋，有些参赛教师设计的PPT中针对某个词汇或某个观点而设计的流程图或示意图能在很大程度上帮助学生加深理解。

在说课前每个参赛教师只有30分钟的准备时间，在这个时间内必须理解课文、确定教学目标、制定教学步骤、设计作业。除此以外，还需对自己的设计理念力争从理论上加以阐释，因此说课的难度是比较大的。虽然在说课和授课中都有评委提问这个环节，但在说课中由于准备时间很有限，回答问题更加考验人。在说课中，多数参赛教师都能在短短的30分钟内迅速理解课文，其教学设计大都合理，教学目标基本明确，教学步骤切实可行。有些参赛教师还对自己的教学设计做了简短但有一定说服力的理论上的阐释，这在以往几届是不多见的。

在大赛中也出现了一些问题，其实这些问题都带有较强的普遍性，是历届大赛中或多或少都有的。从这个角度讲，大赛中出现的这些问题也反映出我国高校在各种类型的外语教学中较为普遍地存在一些偏差。我主要从两个方面来谈这些问题。

一、教学理念和教学能力

长期以来，我们介绍和引进了不少学习理论和教育教学理论，随之而来的是与这些理论一脉相承的教学方法或路子。这本是好事，有利于我们开阔思路，有利于我们的教学，有利于我们的教学研究。但糟糕的是，我们很多人并没有认真地理解这些理论的真谛，对那些教学方法和路子的适用性也缺乏认识，不管不顾地盲目效仿，这叫食洋不化。更为糟糕的是，我们很多人认为凡是国外的、新的就是先进的，有了新的，以前的就落后了、过时了。要知道，每一种理论和方法的产生都是智慧的结晶，都有其合理性。我们不能像猴子掰玉米一样，捡了一个丢了其他，而应该"兼收并蓄"，有机而恰当地采用各种教学方法和路子，而不固守某一种单一的方法。比如被当今盛行的建构主义理论所摒弃的行为主义的教学方法，如pattern drills，再如中国传统的语言学习方法中的背诵，在我国这种外语学习环境中，都不失为有用且有效的方法。用传统的方法或传统与新方法相结合讲授出让人感到耳目一新的课，是一种创新，而且是很有意义的创新。

近年来，那种先整体后细节的教学路子甚为流行，在前面好几届大赛中几乎每个参赛教师都在采用这种方法，动辄main idea, main structure，而对后面的detailed reading的处理则往往显得草率和肤浅。这种现象在最近这两届大赛中有所改变，但仍然是一个严重的问题。我并不一概反对这种方法，在很多时候它也是有效的。问题在于，这种"自上而下"的方法貌似要从把握总体开始，逐渐进入对文本的全面而准确的理解，但如果仅仅对文本的主要内容加以关注，对其结构加以分析，再加skimming and scanning，而没有后续的细读，只有"上"而无"下"，实际上是肢解了课文，变成了一种碎片化的阅读。这往往并不利于对文本总体的把握，对其结构的分析也毫无意义，结果与其初衷南辕北辙。教学大赛本身对日常教学具有导向作用，但像这样发展下去，势必出现教风和学风上的囫囵吞枣、不求甚解和浅尝辄止，着实让人担忧！我们宁愿相信，在日常的"原生态"课堂教学中，参赛教师们并不总是这样做的。

对细读的处理其实最能反映出教师的真功夫。细读中对语言点的处理是很重要的部分，也能体现参赛教师们较为真实的日常教学水平，但在大赛中，参赛教师在授课中对词汇的选择不尽人意。如第三组参赛教师讲授的课文，其标题中有trouble-shooter extraordinary，似乎并没有参赛教师注意到这种单个形容词作定语的后置现象，不知其然，就更不知其所以然了，而这正是需要教给学生的。似乎参赛教师们在选择要讲授的语言点时，除了考虑与课文的关联性外，考虑得更多的是怎样才有利于在比赛中展现自己的才能，这是一种表演心态在作祟，而我们更想看到的是能把词汇或长、难句处理得妥妥帖帖的课堂教学。

对课文全面正确的理解是备好、上好一堂课的基础。对授课的课文，参赛教师们都有三周左右的准备时间，应该说时间是充分的，但从参赛教师回答评委提问时可以看出，不少参赛教师实际上并没有全面、深入地理解课文。我们在提问中会针对全篇课文进行提问，不管在计划的授课中是否涉及某个语言点或内容，这是考查参赛教师的理解力和备课充分与否的重要手段。

二、语言能力与语言修养

参赛教师们的语言能力是比较强的，这不容否认，但有些看似不算严重的问题，却能导致严重的后果。例如cutting, because, famous, focus, status, society, idea等词的"儿化"发音，体现出一些参赛教师对美式发音特点的理解过于肤浅，知其然不知其所以然。如果只有极少数人这样做倒也罢了，但现在很多自认为操美式发音的参赛教师都或多或少地有这个问题，那就严重了。我从来都不赞成我的一些同行，特别是外国同行，认为语音标准与否并不重要的观点。在外语环境下，教师的发音是学生最主要的语音输入源，不难想象，他们的学生们会受到什么样的影响。有的参赛教师把自己讲授的语法项的关键术语都再三读错，如compound words, communicative approach，这很不应该。

除了较强的语言能力，外语教师还应具备更深一层的素养，即对语言的深层次感受能力，对各种语言现象之间的关联性的理解，对某一语言现象的政治、文化等背景的知晓等，我姑妄称之为语言修养。在这次大赛中经常能看出参赛教师们在语言修养上的不足，最典型的例子就是参赛教师对说课选文的三个小标题的理解：第一个小标题中的to the end of the earth有双关的含义，而且又用了问号，这样就有了三层含义；后两个是对熟语的套用（on top of it）或反用（the more, the better）。参加说课的参赛教师几乎都被问及这个问题，但没有哪个参赛教师的回答令我们满意。我们不应只去关注语言的交际价值，也要关注语言的美学价值，这不仅是作为教师应该具备的素养，而且还应该在语言教学中引导学生去理解和欣赏语言的美。这不是吹毛求疵，对教师，就是应该有高要求。

　　根据规则，本次比赛在决赛及总决赛阶段除设现场授课和说课外，还设置了评委提问环节。两个阶段的提问环节均为五分钟，根据常规，提问评委一般会就相关课文的语言或内容以及选手的授课或说课提两到三个问题。

　　在决赛阶段，大赛为现场授课部分提供了八篇课文，选手通过抽签可以提前三周左右拿到自己抽得的课文。由于有较多时间准备，选手应该对课文的语言和内容等有较好、较全面的理解。因此，在选择问题时，我既会考虑文章主题或语言特色，也会考虑一些看似简单，但容易造成学生理解障碍的语言或内容问题。另外，比赛共分八组进行，每组有三到四名选手，同一组选手使用同一篇课文。考虑到现场效果以及比赛的公平性，我为不同的选手选择了不同的问题，即每篇文章准备三到四个问题，同时尽量保证不同问题的难度基本一致。

　　在总决赛阶段的说课环节，大赛为10名选手提供了一篇相同的课文，选手可以在说课前半小时看到课文。考虑到选手分析课文的时间有限，同时要保证比赛的公平性，我在这一环节只准备了两个不同的问题，在不同的选手间轮流使用。

　　问答环节的另一类问题是基于选手的现场授课或说课提出的，主要考查选手对于教学理念的正确理解和教学方法的合理应用。

　　总体而言，大多数选手在问答环节都能够表现出优秀教师所应该具有的自信与应变能力。在语言能力方面，虽然选手们在问答环节中的表现略逊色于授课及说课环节，但都能够较好地理解评委提出的问题，回答也大多清晰、流畅。

　　在授课阶段，选手们对涉及课文主旨或重要细节的文本内容都有较好的理解。如"From hero to zero"一文中两个controls的不同含义，一个表示"操纵仪"，一个是名词意义的"控制"；"Ice road truckers"一文中的frozen emptiness和too quickly or at the wrong time of the season，前者是一个比较特殊的搭配，后者的含义必须要通过上下文才能解读。我觉得这几个语言点可能成为学生阅读课文时的理解难点，而教师在教学中都没有处理，不过好在教师自己对这些语句的理解还是准确的。但当课文涉及一些较为专业的概念时，选手的语言能力就喜忧参半了。如"Shanghai's future as a connected, smart city"一文中涉及一些金融、经济等专业的词语，如clearing、value chain，选手对clearing的解释比较准确，但在对value chain的理解上则出现了差错。这可能是由于选手在准备比赛时将注意力过多地集中于20分钟的授课内容，而忽略了对课文做全面、深入的理解与分析。

　　在现场授课阶段我所设计的另一类问题涉及一些看似简单，但意义并不十分明朗的词语，如部分人称代词、起指代作用的名词，以及一些多义的形容词。如"Shanghai's future as a connected, smart city"一文中有两句话："By introducing a complete EMR system based on more effective collection and use of data, providers can own more information than ever before. This helps the individual to focus on preventive action to protect health conditions from getting worse."这两句话中的providers、This和the individual可能都不是生词，但其确切的含义学生并不一定能够理解。在"Red Adair, troubleshooter extraordinary"一文中有两句话，一句是"The fire, which had been burning for six months, was so big that American astronaut John Glenn could see it from space and the sand around it had melted into glass."，另一句是"The problem was that not only did Adair have to stop the fire, but there were winds blowing at more than 120 kilometers an hour, and the sea was at least 20 meters high."。前一个句子中的big和后一个句子中的sea看似非常简单的词汇，但是它们在这篇文章中都有特殊的含义。前者形容火很大，但要是能够从外太空看得到，这个火必须要具有一定的"面积"。第二个句子中的sea被high所限定，因此sea的意义也就被high限定了，即"海浪"，而不是"海"，更不是"海拔"的意思。在回答这类问题时，选手对一些词语的理解比较准确，但在最后这两个看似简单的词汇上出现了一些理解上的偏差，这不得不说是一种遗憾。课文中的难词、生词当然要考虑，但既然是阅读理解，那么所有与理解有关的词语都应该纳入教师的考虑范围之内，至少应该纳入教师自己的理解范围之内。

总决赛说课阶段的课文是一篇讨论人类旅游对地球环境造成负面影响的文章。文章除开头段落外分三个部分，每个部分都有一个小标题。考虑到选手分析文章的时间有限，我准备的两个问题一个涉及文章的小标题，另一个涉及文章的三个部分在结构上的特点。选手们对关于文章结构的问题回答得大多比较到位，但对文章小标题的理解似乎有所欠缺。文章的第一个小标题是A voyage to the end of the earth，这个标题既可以指天涯海角之类的旅游胜地，也可以指地球的末日。另一个小标题是Trash on top of the world，这一段讲的是登山者在喜马拉雅山上丢弃的垃圾对环境的污染。由于喜马拉雅山脉也被称为世界屋脊，所以作者就用world代替了mountain，这样便放大了垃圾污染环境的问题。在问答过程中，大多数选手都表示能够看出这两个标题很有意思，用词很恰当，但可惜的是，他们很少有人能够用语言将自己的感受表达出来。对于一名语言教师，自己对文章的理解如果只停留在模糊的感受上显然是不够的。

除了就所教授的课文提出的问题外，还有一类问题是针对教师的教学过程或教学设计提出的。在这些问题中，有些是关于教学理念或教学方法的概念解释，还有些是关于教师采用特定方法的动机。比如有的老师会在同一活动中让学生skim and scan the text，我便想了解其中哪一个步骤学生是在skim，哪一个步骤学生是在scan。其实一些选手根本就没有考虑过skim和scan这两个阅读行为的区别，而是简单地把它们当成fast reading的替代词了。

在一位选手的授课过程中，有一名学生在回答问题时有一个发音错误，老师在重复学生回答的时候采用了正确的发音，这在教师课堂行为中是一个典型的recast做法。我希望了解这位选手是否有意为之。值得庆幸的是，选手经过启发后表示，她的确是有意识采用这一方法纠正学生的发音错误的。

另外，我还注意到有不少选手喜欢用填空的形式来检查学生对课文的理解，而且往往会事先在PowerPoint中准备好答案，我便希望了解他们是否考虑过采用填空这一方法或在PowerPoint中准备好答案的做法的好处和潜在的不利之处。从选手的回答情况看，他们在选择这些教学方法时可能很少考虑这些方法的优劣之处。在课堂教学时间有限的情况下，填空题的确是一个有效检测学生理解的方法，一个图表型填空题还能够有助于学生对篇章结构的理解。但由于填空题的格式或答案都是固定的，这容易限制学生的思维，或让学生错误地认为，一篇文章只能有一种理解，教师准备的答案是唯一正确的答案。

总体来看，选手在问题回答环节表现出了较好的语言功底和较强的教学能力，但也存在盲目套用教学理论或教学方法、对教学材料抓大放小、不求甚解等问题。

特等奖　刘晓兰

参赛感言：

砥砺前行、开拓创新。让我们携起手来，为了我们的学生，直面挑战，永不停息！

选手简介：

　　刘晓兰，任教于山东外贸职业学院。外国语言学及应用语言学（中国海洋大学）、国际合作（日本立命馆亚洲太平洋大学）双硕士学位。曾赴欧盟总部参加同声传译培训，多次为国外贵宾、国际重大会议及赛事提供同声传译服务。连续多次被评为学院"优秀教师"、"青年教学能手"。多次获得国家级、省级学生英语口语、英语导游、营销（英语）等大赛"优秀指导教师"称号。2017年获山东省高校青年教师教学比赛一等奖；获第八届"外教社杯"全国高校外语教学大赛山东赛区特等奖。

备赛和参赛的体会与收获

首先非常感谢上海外语教育出版社给我们广大英语教师提供了这个广阔的平台，让我们有机会相互学习、切磋、交流。对我来说，这次大赛是珍贵的人生经历，加快了我的成长步伐，提高了我的教学素养，让我收获颇丰。还要感谢我的领导和同事们给予我的大力支持和帮助，帮我反复推敲课堂设计，仔细斟酌PPT效果，甚至细到着装和妆容。备赛过程中我多次感动得热泪盈眶，深刻体会到来自于这个集体的温暖和力量。拥有这样的领导和同事让我感到无比荣幸，在此由衷地道一声感谢！

回忆参赛的经历，可以用"紧张、感动"四个字来概括。紧张是因为来自全国29个省、市、自治区的教师代表齐聚一堂，进行激烈的教学比拼，每个人其实压力都非常大。压力除了来自同行教师，更多的来自于评委老师。10位评委都是全国英语教育界的专家，能站在更高、更全面的角度客观评价我们每一位参赛选手的表现，这样的机会对我来说十分难得。决赛的授课环节，虽然在台上展示的只有短短20分钟，但其实融合了教师的教学理念、设计思路、教学基本功和多年积累的教学经验。我非常庆幸自己有机会站在这个讲台上，能得到评委专家的亲自指导和宝贵意见，所以在此我也想倡议更多的老师通过努力站到这个讲台上来，这是对我们教学成果的一次检验，也是促使我们成长进步的一次历练。

为什么说"感动"呢？主要是因为在这里，我结交了许多志同道合的朋友。台上虽然是竞争对手，但是台下我们会迅速变成好友，因为我们都在为教育事业而共同奋斗。我们经常利用吃饭、休息、比赛间隙等交流学生的情况、教学的体会。有时候一个老师提出一个教学困惑，立刻会引起许多参赛同行的共鸣。大家一起想办法，你一言我一语，都是英语老师，又都充满了对教学的热情和激情，那讨论的场面别提有多热闹了！有时候，大家放下筷子，一聊就是一个小时，都忘记了继续吃饭。在这里，我能强烈感受到每一位教师对学生和对英语教学的热爱和执著，令人感动、永生难忘！

比赛结束了，当我们回到自己的课堂，静心沉思，就会发现其实我们每天的日常教学就是备赛的过程，不是为了比赛，而是为了我们的学生能够取得长足的进步。我们是在与时间赛跑，为成长打拼。只要我们付出自己的真心，鼓励学生，不断反思教学，不断进取和创新，就一定能得到学生真诚的赞赏，就一定能帮助他们开创美好的未来。让我们携起手来，共同努力，为了我们的学生，try our best!

授课点评：

丁国声教授点评：

刘晓兰老师讲授的课文的标题是"Where are all the plumbers?"，整堂课展现出以下几个特点：

1. **导入设计新颖，激发学生兴趣**。刘老师用学生喜爱的动画形象，超级马里奥——"世界上最有名的水管工"——作为导入，紧扣课文题目，为课文讲解做好了铺垫。听力练习的设计既提供了有效的语言输入材料，又启发了学生去思考：1）水管工的具体工作是什么？2）这些平凡工作在人们日常生活中发挥了什么作用？3）蓝领工人的紧缺性和近些年的招工荒之间的关联。

2. **内容剖析深刻，难点把握得当**。根据教学目标，刘老师紧紧围绕主题展开课堂教学。为学生设定的学习目标包括：在文章理解层面上，理解美国蓝领工人难招的原因，并最终认识到蓝领工作的价值；在语言学习层面上，专门引导学生做了语音纠正练习，确定学习难点为主语从句和重点词汇trade，并联系商务常识，讲解了TM和R的区别。

3. **教学过程娴熟，师生互动流畅**。刘老师始终注重"以学生为中心"，积极调动学生参与课堂教学：1）在阅读理解环节，她将学生分成了两组并布置阅读任务，引导学生带着问题有目的地开展阅读，搜寻关键词，把握中心思想，调动学生思考并对比蓝领工人的状况发生了哪些变化，使学生在课堂上快乐而有效地阅读、积极地参与。2）在讲解乡村俱乐部时，她所展示的图片和关键词非常生动形象，使学生直观地认识到课文中所反映的问题——蓝领工人的社会地位低。3）提出问题和思考后，她迅速引导学生一起寻找原因，理解作者写作的思路，找出蓝领工人难招的真正原因。

4. **教学意境提升，学习意义升华**。课文内容讲解完毕之后，刘老师并没有就此结束，而是进一步分析了难句的结构，启发学生归纳作者的观点，即鼓励年轻人学一门技术，而不是去当销售人员，并以此组织学生开展口语对话练习，给了学生思考、讨论和做出决定的机会。她抓住学生讨论后的时机，结合学生就业，指出蓝领工人们干一行爱一行、至精至善的工匠精神是值得我们尊重和学习的。

5. **语言功底扎实，教学仪态端庄**。教学质量的好坏，很大程度上取决于教师自身的能力和水平。刘老师具有扎实的功底，无论是从单词发音、句式理解，还是教学过程的把控、教学思路的引领，都展现出高超的能力和水平，可谓设计精巧流畅，讲解酣畅流利，板书大气似流云，表达自然如流水。在讲课中她显示了较高的语商，给现场评委和学生留下了深刻的印象。

刘老师的不足是时间把控不够精准，作业布置不够明确。如果时间充裕，应该给学生讲解作业的具体要求，说明期望学生通过作业获得哪些锻炼和提升。

选手在授课时显得亲切、自然，语言流畅，有亲和力，其教学目标明确，教学环节清晰，过渡自然。

选手确定了两个教学目标：其一是找出在美国蓝领技工极度短缺的原因，并肯定他们的存在价值；其二是学习带形式主语的主语从句和本课的关键词trade。这两个目标都十分明确、清楚，且一大、一小，一个宏观、一个微观，达到了一种平衡。第一个目标是宏观的，意在让学生把握课文的总体内容和观点；第二个目标是相对微观的，体现了选手在英语教学中对语言本身的关注。

在教学环节方面，尽管我们并不十分认同不分青红皂白、千篇一律地采用先宏观、后微观，从main structure, main idea, global reading再到detailed reading的这种教学路子，但就这篇课文而言，这样做是可行的。相对而言，这篇课文的语言难度不大，学生容易理解，所以在使用这种"自上而下"的教学路子时，学生并不会有太多的理解上的障碍，这样做对学生快速掌握课文的核心观点是有效的。选手使用的PPT上有个细节值得一提，那就是在每一页的顶端都实时显示了当前的教学处于哪个环节，这样可以引导学生的注意力分配重点和方向。在导入环节，选手通过一小段视频显示了水管工的重要性，然后提出问题，很自然地过渡到下一个环节，进行总体阅读。总体阅读的最后结果是得出结论：蓝领技工被人瞧不起。这时，第一个教学目标基本完成。选手又提出问题，要学生从最后一段中找出作者的观点，这样就很自然地进入了细读的环节来关注语言，这个过渡是"无缝"的。在这个环节中使用的视频也非常恰当，而且还很顺畅地连接了下一个教学环节。

遗憾的是，由于有些环节在时间上处理欠妥，选手在进行到教学中的最后两个环节时已没有足够的时间了，因此显得太仓促。

在授课开始后不久，选手就对plumber一词的读音进行了讲解和带读，还举了另外几个单词的例子，这种对语言的关注值得肯定。但可惜的是，选手在讲到字母组合mb的读音规则时说"Every time when m meets b, b is ... silent."，而学生应该早就熟悉的member、number、November等都不在这个"Every time"之列，这属于概括过度，处理欠妥。

说课点评：

说课比赛的选文标题是"The real cost of travel"，刘晓兰老师的说课整体上呈现出以下几个特点：

1. **教学目标明确**。刘老师提出了三个教学目标：一是通过略读和寻读培养学生的阅读能力，并掌握课文大意，她在此目标中还强调了写作逻辑的重要性；二是相关词汇学习，解决语言难点；三是通过项目练习强化学生的英语应用能力。

2. **教学重点突出**。刘老师准确地把握语言重点、难点，并详细讲解了如何处理重点、难点问题。她提出用主题词汇树的方式帮助学生记忆单词，引导学生将原有的词汇和课文中出现的新词汇绘制在一棵主题树上，旧知识带动新知识的习得，同一语境下的词汇之间容易触发联想和积极应用。

3. **难点分析透彻**。刘老师说课的一大亮点是处理长、难句的办法，她针对长、难句设计了两个练习：第一，教师在课前对难句进行改写，改写时替换原句的关键词，例如从句的引导词、系动词等，让学生对比改写句和原句的不同，通过找出改写句的错误，加深对原句中各意群功能和意义的理解；第二，设计短句翻译题，将长、难句中的分句变成翻译填空的形式，学生需要综合考虑从句与主句的关系、时态、语态、单词和短语等。第二种练习难度更大，但能加深学生对长、难句的理解，锻炼学生的语言能力。

4. **教学设计巧妙**。刘老师的教学步骤思路清晰、环环相扣、重点突出、直击目标，具体表现在：第一，选取学生熟悉的旅游话题导入，强调高质量语言视听输入的重要性，开展简单的问答后直奔课文；第二，着力解决语言重、难点问题，回归语言课的本质；第三，针对提高学生英语应用能力的教学目标，设计了一个职场项目，该设计非常巧妙地将学生置身于职场情境中，不但在相关语境下练习了刚刚习得的语言知识，也完成了交际任务。鉴于高职学生的英语基础参差不齐，她用板书生动地表明了学生从词汇习得、句型翻译训练，到简单对话，最终到长对话的阶梯式进程。

5. **回答问题自信**。在回答问题环节，刘老师反应迅速、语言纯熟。在评委询问为何把逻辑作为文章学习的一个重点时，她认为学生走向职场，都会面临陈述自己观点的场合，这时候用恰当的逻辑将思维和语言组织起来就显得尤为重要，这也是充分考虑到学生的未来工作需求。美中不足的是在回答评委提问时，没有完全听清问题就回答，不够简洁明快；另外需注意voyage的发音。

总而言之，刘老师明确分析了学生的现状，强调了高职学生在职场环境下的英语应用能力的重要性。其说课从教学目标、重点难点、授课环节、课堂活动等几个方面展开，内容丰富，环环相扣，语言流畅，台风大气，给评委和观众留下了深刻的印象。

李力教授点评：

说课是在理解课文内容和观点、分析学生基本情况的基础上，找到课文的难点，确定教学的重点，并据此确立教学目标，设计教学步骤，并阐明这样做的原因。简言之，说课就是回答what、how和why这三个问题。参赛选手对why这个问题给予了重视，她的说课有介绍、有分析，这是她最大的特点。

参赛选手在简短地介绍学生情况和课文内容后，首先关注了语言问题，这很好。她从课文中找出了一些与旅游有关的单词，称打算让学生建立一个开放性的词汇库，把学生已经掌握的相关词汇和本课中的新单词关联起来，这其实是在向学生传授一种学习策略，值得提倡，其分析也比较到位。参赛选手还关注了长句和难句的处理，提出了几种处理办法，这些体现了她在教学中对英语语言的关注。

基于以上分析，参赛选手提出了本节课的教学目标，即理解内容、解决难点、实践练习。随后，她比较详细地介绍了教学步骤，其教学步骤的设计是合理的。更重要的是，她提出了令人信服的设计理据。如第一步"导入"，选手在介绍了怎么做后，指出这么做是因为高质量的输入对学生的理解起重要作用，可以激励和帮助学生学习。在实践练习环节，选手设置了一个与课文相关的话题。她较为详细地介绍了根据学生的具体情况，如何开始从词汇、语句层面给学生提供帮助，然后引导学生进行微型的简单对话，最后发展到完整的语篇。她的方法切实可行，分析有理有据。

在回答提问时，选手也能较好地作答。对于课文中的第一个小标题A voyage to the end of the earth?选手能理解到"地球末日"这一层意思，实属不易，这是很多其他选手似乎都没能理解到的。但她似乎并没有理解到"天涯海角"这一层意思，而且当提问评委再次引导她后，她仍没能给出令人满意的回答，令人遗憾。

另一个缺憾是，虽然选手确定了课文语言上的难点和重点，并提出了很好的解决办法，分析得也较好，但是在她的四个教学步骤中并没有出现解决这些难点和重点的步骤。这么一个亮点在教学步骤中没有任何体现，实在是可惜！尽管选手在介绍长句的处理方法时再三说要在课前处理长句，但说课就是要谈整个课文的全部处理步骤，没有这一步，就缺了一大部分。如果能够在第一步后就安排语言点的处理，那就太好了！

一等奖　章昀萱

参赛感言：

传道，授业，解惑。

选手简介：

　　章昀萱，湖北武汉人，毕业于湖北大学外国语学院，获硕士学位，现任教于武汉城市职业学院外语学院，主要从事英语教学与礼仪教学，多次指导学生获得国家级及省级各种技能竞赛奖项，2017年9月荣获第八届"外教社杯"全国高校外语教学大赛湖北省赛区特等奖。

参赛感言

很荣幸能够代表湖北省参加第八届"外教社杯"全国高校外语教学大赛（职业院校组）的全国决赛和总决赛，并最终幸运地获得了一等奖。在三天的决赛中，我观摩了来自多个省、市、自治区的参赛选手的现场授课和说课，也在赛场外和各位同仁进行了大量的交流，收获良多。

首先，这是一个十分难得的机会。"外教社杯"全国高校外语教学大赛是我国规模最大、层次最高、影响最广的外语教学专项比赛。从湖北省的复赛开始，前后历时半年多，我经历了授课视频录制、现场授课、现场说课等环节，得到了全方位的锻炼。在此，衷心感谢外教社为高校英语教师提供了这样一个学习和展示教学风采的机会。

其次，在备赛的过程中，我得到了来自学校领导的大力支持和悉心指导，为我最终获得良好的成绩提供了巨大的帮助。学院领导对此次大赛十分重视。从省级复赛开始，在课文梳理、课件制作、视频录制、教学设计等方面，我都得到了领导和同事的大量帮助。尤其是在11月中旬，为了决赛现场授课环节做准备的那一周多的时间里，我们院长经常陪着我一起加班，一遍又一遍不厌其烦地帮我改进教学设计，真的让我感到十分温暖和感动。同时，我也想专门感谢湖北省高等教育学会大学外语专业教学指导委员会会长、华中科技大学樊葳葳教授以及第五届大赛一等奖选手胡颖老师在我备赛期间提供的无私帮助和指导。

武汉城市职业学院作为一个有着悠久师范历史的院校，一直对教师的基本功十分重视。在备赛的过程中，学院的专家、教授也一再强调教学思路一定要清晰，逻辑要连贯，学生在学习过程中应该有循序渐进、逐步提升的过程。在20分钟的现场授课中，由于时间的制约，不可能把所有好的设计全部囊括在内，但高职英语教学应该注重学生在文章理解基础上的基本语言运用，并应该在教学设计中，将文章进行合理重塑，让学生吃透文章内在的逻辑，最终能够将文章中的知识与现实生活中的行业相联系。而在说课环节中，由于面对的对象是有着丰富教学经验的英语教育专家，则应该更加注重阐述如何在一篇具体文章的教学设计中充分体现自己的教学理念。教师应该具有对课程进行整体设计的能力，并合理地将整体理念落实到每个单元的具体教学中去，在每一篇文章的教学中体现阅读教学的三大层次，将其融入到一系列连贯的教学活动中，并最终帮助学生培养思辨能力。

比赛结束之后，回顾比赛的过程，我深知自己其实还有很多的不足之处：在比赛现场的应变和处理不够灵活，文章领会依然不够深入，在王教授提问的时候，没有能够准确把握提问的意图，回答得不到位。这些都是我在未来的工作中需要不断改进的地方。

授课点评:

李富森教授点评:

章昀萱老师授课文章的标题是 "Edge kids and influencers"。总体来说,章老师教态自然,有亲和力,有较强的课堂掌控能力和应变能力。具体如下:

1. 具有良好的英语语言能力和较好的课堂设计能力,能够较好地激发学生学习语言的积极性和主动性,能够适时提供学生感兴趣的学习资源。教学活动设计以学生为中心,注重调动学生的学习积极性,引导学生独立思考。比如导入部分以课文中出现的一串数字引出,有助于启发学生联想,引发学生的学习兴趣。

2. 逻辑思维严谨,能够较好地处理输入与输出的关系,能把课堂教学目标、途径和效果有机结合起来,能根据教学对象的英语水平设定合理的教学目标、组织教学活动,对教学材料的解释清晰明了,能通过较科学的教学手段和方法实现既定教学目标。

3. 采取任务驱动教学法,任务设置由易到难,符合高职学生的认知规律。以who、how、why等三个问题为主线,设置skimming、scanning、probing等三个任务,有效贯穿教学全过程,让学生在完成任务的过程中掌握文章的大意和重要细节。比如,教师针对how这个问题绘制了flow chart,有效帮助学生理解主要内容,并且要求学生根据flow chart进行复述,巩固要点;随后,教师又将flow chart中的重点词汇去除,提升难度,再次要求学生复述。

4. 教态自然,有较高的教学热情,微笑贯穿授课及回答问题等所有环节。

5. 回答问题阶段基本上做到理解准确,反应敏捷,回答巧妙,体现出较扎实的语言基本功及较好的应变能力。

章老师的授课也存在一些不足之处:PPT里面有一些语言错误,如to emphasizes;授课时间安排上还需要更加合理(由于时间的原因,最后教学内容没有完成就草草地结束了);在回答评委提问时,大概由于紧张,没有意识到评委故意犯的发音错误。

　　章昀萱老师在授课环节一开始便利用与学生打招呼调节了课堂的气氛。在之后的教学过程中，她也能采取各种方法，帮助、激励学生参与课堂活动，对表现好的学生给予适时的肯定与褒奖。她用来赞扬学生的语言包括 "Good job!"，"Very good!"，"Excellent!"，"She has done a very good job!"，"Terrific!"，"A round of applause for her!" 等。教学的全过程都有较强的师生间和学生间的互动。

　　章老师在授课环节的第二个亮点是她的教学设计。课程开始时她在屏幕上呈现了一串数字，让学生猜这些数字表示什么，并自然地引入课文涉及的一个内容，然后再提出问题 "Where is the money spent and how is the money spent?" 以激发学生对课文的兴趣。

　　接下来的教学主要围绕 "Who can decide fashion?"、"How can they decide fashion?" 以及 "Why can they decide fashion?" 这三个问题展开。对这三个问题的回答不仅解决了对课文的整体理解问题，而且还训练了学生的快速阅读能力、总结归纳能力、口头表达能力，学习了与词缀 "-er" 以及强调句式 "It is … who …" 相关的知识。

　　章老师教学设计的另外一个特点是教学活动安排由易到难，从个别到整体，教学步骤环环相扣，逻辑性很强。比如她在带领学生回答完三个主要问题后，又再一次将这三个问题的答案呈现给学生，一方面帮助学生复习已经处理过的内容，另一方面也使他们对全文有一个总体认识。再比如她先让一名学生根据幻灯片中呈现的流程图复述课文内容，然后又删除了幻灯片中的一些提示，让另一名学生再一次复述。这一次复述难度虽然更大，但由于有了前一名学生的复述，该生也很好地完成了任务。

　　在信息技术的应用方面，章老师的幻灯片设计得当，能够满足教学需要。布置作业时让学生通过扫二维码看相关视频，是一种有效的线上线下相结合的做法。更值得一提的是，章老师在教学中还能有效地利用白板。通过在白板上手写关键词语，不仅有助于加强学生对相关词语的学习，还对学生后续的复述活动起到提示作用，这在人们过度依赖PowerPoint的今天是难能可贵的。

　　章老师在问答环节也体现出一名优秀教师的机智与敏捷。虽然有时会对提问评委的问题有一些误解，但经过交流，最终还是能够做出一个较为合理的回答。语言应用和内容组织上都表现得从容、得体。

　　也许是因为章老师的授课过程与学生的互动比较多，占用了一部分教学时间，授课结束的时候显得比较匆忙，没有来得及向学生详细地解释作业要求。另外，教学过程中出现了学生将combination和influencer发错音的问题，教师总是采取用正确的发音重复学生的回答的做法，但从现场观察来看，学生并没有注意到教师对他们发音错误的纠正。

说课点评：

李富森教授点评：

章昀萱老师说课的选文标题为"The real cost of travel"。章老师对说课材料理解准确，思路清晰，PPT功底较好，在有限的准备时间内，制作了PPT来辅助说课。

章老师的说课包括结构分析、学情分析、学习目标、重点和难点、教学法、教学过程等六个方面，其中，教学过程分为pre-reading、while-reading、post-reading三个部分，每一部分都有较为详细的教学内容安排，体现了教师对于精读教学有一套较为成熟、完善的策略。对于评委的提问，章老师能够做到快速反应，现场灵活应变能力较强。

遗憾的是说课略显程式化，缺乏创新，个别单词发音并不是太准确。

王海啸教授点评：

章老师在说课的一开始便强调involving students的重要性，这一点也体现在她决赛阶段的授课中，说明她不仅仅是做到了，而且是有意识地做到的。

对于本次教学的方案制定，章老师不仅明确地描述了教学对象，还根据这一篇课文的内容和语言特点确定了教学重点、教学难点，从知识层面、能力层面和品德教育层面组织教学内容，强调计划重点帮助学生理解议论文的写作风格。

章老师的课程设计包含了课前、课中和课后三个环节。课前环节安排了与教学内容相关的视频，并预先告知了学生将要完成的教学任务。课中采用头脑风暴、略读、jigsaw reading、填空练习等活动形式帮助学生理解课文内容、学习相关词汇、提升交际能力。在语言层面帮助学生重点学习与旅游相关的词汇和议论文的写作特点；在能力层面，重点培养学生的综合职业能力，如交际技能、解决问题能力等；在品德教育层面，帮助学生认识到导游的身份与作用。

在阅读课文的处理上，教师要求学生不仅要看懂文本的字面意思，还要能够了解其中的引申意义，更要能够运用所学的内容，并形成自己的观点。这便引导出了阅读后的活动，即就一个关于旅游对威尼斯造成的负面影响的视频展开讨论，学生可以交流他们对一个现象的不同看法。最后，教师要求学生运用"现象+解释+解决方案"的结构，就旅游对环境造成污染的问题，以导游的身份给自己的游客写一封信。

这样的课程设计步骤清晰，教学方法运用得当，教学内容体现选文的特点，既照顾到了基础知识的学习与基本技能的培养，也关注到了综合应用能力和职业素养的提升。

在问答环节，章老师表现出了对课文结构较好的理解，但与其他一些参赛选手一样，在对skimming和scanning具体含义的理解上存在一些偏差。比如说让学生快速阅读课文，找出一些polluted places，这样的阅读行为应该是scanning，而不是skimming。另外，章老师为本节课设计的课后作业是让导游给自己的游客写一封信，但是在现实生活中，我们很难想象真的会有导游这么做。

一等奖　罗玲

参赛感言:

天道酬勤

选手简介:

罗玲,上海第二工业大学文理学部外国语学院讲师,上海外国语大学硕士研究生毕业,获第八届"外教社杯"全国高校外语教学大赛上海赛区特等奖等奖项。

教学如修行

一路走来，从备赛、参赛，到再备赛、再参赛，仿佛进入一段奇妙之旅。途中有突发灵感带来的兴奋雀跃，有听闻质疑之声后的顿悟反思，有精疲力竭的痛苦，有追求完美的折磨，有自信满满之悦，亦有全盘否定之苦，每天似乎都在波峰波谷中游弋。这五味杂陈的一幕幕构成了我参加第八届"外教社杯"全国高校外语教学大赛的点点滴滴。如今回想，大赛带给我的是润物无声的成长与变化。每天获得点滴进步，还有比这更令人欣喜的么？

此次全国大赛的历练让我进一步认识到语言是思想的载体，语言教学的魅力不仅仅是教授语言文字，而且是在道德层面、认识层面、思维层面对学生的引导与启发。我这次的教学设计围绕以下两个关键词展开："浸润"和"沟通"。这两个词可以体现在多媒体课件展示、课堂用语、表情动作等方方面面。我所期待的效果是学生在不知不觉中感悟要点，在交流中强化吸收，就好比是跟学生协同打开一扇无形之门，学生之后有能力经过独立思考选择走或留，远足或近游。

教学如修行，可求破茧成蝶，勿求功德圆满。虽然之后发觉自己在比赛中出现了本不该出现的失误，但我依旧能坦然面对，因为我已深深了解自己的不足和需改进的方向。所有教学技能比赛都是对教师综合素质的考验和提升。教学比赛中的场景展现了一个微缩课堂，而真实课堂才是获取灵感的最佳途径。在平时的课堂教授中，我一直探索教改尝试和教法创新，希望将语言课堂塑造为以学生为主体、教师为引导的课堂。在学生完成各项课堂任务、学生自主学习等活动中，我逐渐发觉他们在语用方面的欠缺和问题，而这些亟待解决的问题就是我理想中的"浸润"和"沟通"对象。在此次比赛中，我也首次尝试了将个人的科研兴趣点融入教学实践中，比如针对词块教学的语料库索引行呈现，希望能带动学生进行发现式、探索式的学习。

最后，我以全国决赛的授课选文标题"Attitude is everything"作结。态度是否决定一切，这个哲学问题值得辨证思考。在授课环节中，我曾问学生是否认同类似观点，现场学生语塞。当时我引用名言佐证自己的不认同，即生活也并非都是选择的结果，态度不能决定一切。这样做的目的无非是期望学生打开思路，跳出禁锢，批判而全面地看问题，然而在我内心深处却无比认同态度的重要性。态度让我认真备赛，态度让我从容面对，态度让我孜孜以求，态度决定了我的成绩。最后，感谢外教社所提供的交流平台，感谢学校的培养，感谢领导的信任，感谢同事的帮助，感谢学生的建议，感谢家人的支持。

授课点评：

罗玲老师讲授的课文是"Attitude is everything"。罗老师首先介绍本节课的教学环节：导入、课文分析、语言点、布置作业。

在导入环节，罗老师直接通过讨论attitude的定义，并引入一些名人名言，向学生提问："Do you believe attitude is everything?"。在与学生互动的过程中，罗老师"不满"学生的"附和性"的答案（全体学生都给予了肯定的回答），提出不一样的观点，并引导学生展开讨论。这样的互动可以吸引学生的注意力，提高学生对这个问题的兴趣度。这展示了罗老师的机智和灵活应变的能力，并有效调节了课堂教学氛围。

完成导入之后，罗老师开始对课文进行分析与讲解：让学生分组阅读，完成填空练习，然后用直观的图示概括所讨论的内容。在此过程中，罗老师与学生之间进行了必要的互动，比如问答和讨论等，提高了学生的参与兴趣。

罗老师还把课文内容设计成一个对话式的问答，要求学生根据作者的提问，提供Jerry的回答，然后让学生基于老师提供的提纲（六元素：时间、地点、人物、事件、原因和结果），进行组对的"对话"练习（Let's TALK: If you were Jerry, what would you feel in the face of an accident?）。这样的教学活动可以激发学生主动思考，并产生自己的想法，能比较有效地促进"学习发生"。罗老师还很注意观察学生的练习过程，并为学生提供必要的指导和帮助，营造一种良好的师生互动氛围。

课文分析之后是语言点的讲解：重点是学习与attitude搭配的动词（maintain、have、keep）和介词（toward）；然后进行形似意异词（attitude、altitude、multitude、aptitude）的中英文匹配练习；最后是虚拟语气的讲解。对于高职学生而言，词语搭配和虚拟语气确实是英语学习中的重点和难点。

罗老师最后以一首歌和现场教学评价结束本次教学，是比较好的创意，营造了一种轻松愉快、以学生为本的学习氛围。

罗老师的教学特点体现在她与学生之间的"互动"中：眼神的互动、问答式的互动、讨论式的互动以及自由式的互动。在整个教学过程中，罗老师十分善于构建与学生之间灵活多样的互动，使课堂气氛比较活跃，有效提升学生的学习兴趣。

罗老师的语言表达流畅，语音语调准确自然，表现出较好的亲和力，展现了一名优秀英语教师的良好功底。

　　罗玲老师的授课课文是"Attitude is everything",就像文章主人公Jerry一样,罗老师用自己良好的语言基本功、生动自然又不失幽默风趣的表达,时时给学生传递着一种积极向上、热情洋溢的人生态度。

　　授课开始时,罗玲老师首先界定了本堂课的三个清晰的教学目标:theme awareness, text reflection, language enhancement。她的授课流程包括四个步骤:

　　1. Lead-in:教师从attitude这一主题词的释义入手,引入一些名人名言及演讲视频,成功激发了学生对正确人生态度的思考。

　　2. Text analysis:教师先关注了课文主题"Attitude is everything",并提出了个人的不同见解。接着让学生通读全文,进行关键信息填空,回答问题,并适时讲解了相关重点词汇,要求学生根据重点信息提示,复述文章。其讲述条理清晰,衔接自然。

　　3. Language focus:本部分教师为学生重点聚焦了positive attitude、虚拟语气、choose等的用法,学练结合,效果良好。

　　4. Assignment:本部分教师布置了三个课后小任务,并以一首励志英文歌曲"Try everything"结尾,鼓励学生积极生活,砥砺前行。

　　应该说,本堂课的教学设计完整有序,有步骤,有目标,有重点,有效突破了难点问题,PPT设计精美,教学效果良好,教师临场答问沉着自然,有自己的见解,展现了良好的专业素养。

　　不足与建议:

　　整堂课的设计基本以教师为中心,以教师讲解为主导,较少关注到高职学生的实际水平与需求;有的问题设置难度较大,学生在短时间内难以回答(比如,第二部分,阅读后的提问,几处学生都找不到答案或答案不准确);课堂互动形式较为单一,启发学生自主思考或研讨的问题较少。此外,让高职学生短时间内复述整个故事,也存在一定的操作难度。高职英语教学,应更深切地关注学生的需求,用心去感受学生希望我们讲什么,如何引导学生自主地运用语言,希望优秀的罗老师可以在这个点上继续探索。

说课点评：

说课要求老师在规定的时间内，针对具体课文，采用讲述的方式，系统地分析教材和学生等，并阐述自己的教学设想及理论依据，这对老师的综合素质要求较高。罗老师的10分钟说课总体上思路清晰，结构完整，流利地表达了她的授课计划。授课分成四个部分：1）授课对象分析（基本特点和语言水平等）及总体教学目标；2）授课的内容及其重点；3）时间分配、教学流程及教学方法；4）可能面临的问题及解决路径。

罗老师首先介绍了授课对象和教学总目标。她的授课对象是非英语专业的高职二年级学生，大多数学生的英语水平比较一般；她的总体教学目标是掌握短文的主题思想及语言特点、培养语言交际及语用能力、养成独立学习的习惯。这样的教学目标比较合理，与授课对象的实际英语水平基本相符，但没有突出高职的特点。

罗老师紧接着分析了短文"The real cost of travel"的主题思想及词汇等。这是一篇关于旅游的代价的文章，即旅游对自然界的影响，以引起大家对环境保护的关注，培养良好的旅游习惯。罗老师重点分析了每个段落的主题句，以及课文中涉及旅游、污染等方面的词汇等。罗老师对课文的分析基本到位，涵盖了文章的思想内容和语言表达特点等，但是句子层面的分析还有点欠缺，尤其需要针对目标学生的水平和专业特点，深度分析他们在课文的学习过程中可能面临的理解难点以及语言结构上的学习重点等。

在时间分配上，罗老师把这篇课文的教学设计为四课时的精读课，其中包括指导性阅读、语言点讲授与训练以及基于语言产出的角色扮演等活动和练习。罗老师的教学设计完整，教学流程合理，各环节之间的衔接比较流畅，遵循了由浅入深、循序渐进的基本原则。

罗老师的说课在介绍完整体设计之后，重点介绍了第一节课的教学内容、教学步骤和教学方法等。

第一节课的教学内容主要涉及课文的中心思想，教学步骤包括图片导入、主题概括、课文结构分析以及语言讲解（包括词汇和难句）等，教学方法包括提问、小组讨论以及其他练习形式，如表格填空、英汉翻译等。罗老师在谈及教学方法时提到使用语料库检索例句帮助学生掌握词汇的方法，这是有益的尝试，值得进一步探索。

总的说来，罗老师的说课内容充实，既有宏观的教学方案，又有微观的教学步骤和方法。其教学目标清晰、可行，教学步骤循序渐进，教学方法切实可行。一点小小的建议是：罗老师需要加强理论的提升，在今后说课时，应该包含支撑教学设计的理论依据。

罗玲老师在说课比赛中再次展示了她扎实的语言功底、流畅的表达、清晰的思维以及自信、大方的教态。本次说课的选文标题是"The real cost of travel"，罗老师主要从以下四个方面展开：

1. 学情分析与目标界定：在解构职业院校二年级非英语专业学生英语学习主要特点的基础上，教师将本堂课的教学目标定义为四个点：文本主题理解、语言点突破、交际能力与自主学习能力的培养。这样的教学目标考虑全面，基本贴切。

2. 文本分析与教学重点：教师通过主旨分析、主题句的引导，明确文章的结构大意，并将重要语言点进行了分类归纳，如旅游、污染、原因、结果以及趋势描述等，是一个亮点。

3. 教学流程与方法的选择。依据高职学生的学习特点，教师主要采用了情景教学法、现代交际法、小组合作学习法以及翻转课堂教学法，在lead-in、text analysis、language focus和discussion 等环节中，点面结合，充分调动了学生学习的积极性。值得一提的是，设计中有让学生课后自主学习语言点，然后在课堂上分组充当教师讲解的做法，这有利于培养高职学生的自主学习能力。

4. 可能出现的问题及应对。这部分应该是罗老师设计方案中的又一个亮点。她再三提到会随时关注学生实际在课堂上出现的新问题，面对面地讨论和解决问题，而不是按照课前设定的方案按部就班地进行，这个理念是非常重要也很正确的。

5. 在回答评委提问环节，罗老师自信大方，表达流畅，体现了良好的综合素养。

不足与建议：

1. 对课程的定位没有清楚地交代，直接影响后面的方法设计。课程目标的设置可以结合文本内容，描述得更加具体。

2. 对于文章中长、难句的分析较为薄弱，课文理解带有强烈的个人色彩，需要更全面、更客观的思考。

一等奖　冯伟

参赛感言：

Success is not defined by how high you climb but by how high you bounce when you hit the bottom.

选手简介：

　　冯伟, 男, 文学硕士, 河南安阳人。2010年毕业于重庆大学外国语学院, 现任江苏财经职业技术学院基础教学部主任助理。先后获得第二届"外教社杯"全国高校外语教学大赛全国总决赛第七名、第八届"外教社杯"全国高校外语教学大赛全国总决赛一等奖。

参赛心得

第八届"外教社杯"全国高校外语教学大赛是我第三次参加这一比赛。2011年我参加了第二届大赛，并获得了国赛的第七名；2016年我参加了第七届大赛江苏省的复赛和决赛，并获得了省赛第一名，遗憾的是当年没有举办职业院校组的国赛。为了能够再次参加国赛，我于今年参加了第八届大赛，终于了却了自己的一个心愿。我之所以一而再、再而三地参赛，一方面是因为对第一次参加国赛的成绩不是很满意，但更重要的原因是从第一次参赛起我就认识到教学大赛确实能够提升我们对英语教学的理解，促进教师职业生涯的发展。

教学大赛为我们提供了尝试创新的平台和契机，而创新是消除职业倦怠感、保持对教学的激情、维系课堂生命的纽带。我觉得教学大赛的意义并不是教师们要在教学技艺上分个高低，而是通过参赛积极反思自己的教学，不断寻求教学设计、教学策略、教学方法等方面的自我突破和超越。尤其是对于在高职院校从事公共英语教学的老师们来说，面对生源素质的逐年下降和公共英语教学逐步被边缘化的窘境，很容易产生倦怠感和疲劳感，丧失对教学的热情，而大赛就如一针强心剂，能够唤醒、激发我们的潜能，帮我们找回、延续那种愉悦和激情。例如，今年我参加省赛时，被分配的现场授课课文是一篇小故事，大意是讲主人公在利物浦车站下车，前往青年旅社，于途中迷路后通过问路到达目的地的故事。故事内容简单，情节单调，在日常的教学中我们往往想不到或没有动力去探求出彩的教学设计。但在比赛的驱动之下，我想到了根据课文内容画出两个线路图，课堂上让学习者读故事的同时逐步在地图中标出roundabout、traffic lights等地标，然后勾选出正确的线路图，最后再让学习者参照地图练习与问路和指路相关的交际用语。这一教学设计不同于常规的阅读教学，学习者要将对课文中文字的理解转化为生动、具体的图画内容，是一种能够充分调动学生积极主动参与的、有效的阅读教学策略，在比赛时得到了评委们的一致认同和肯定。试想如果没有教学大赛，我也许不可能有灵感和精力去尝试这种教学设计。

最后，感谢外教社为我们英语教师提供了这样一个切磋技艺、碰撞思想、启发思考、激励创新的平台。祝愿大赛永葆生机和活力，祝愿更多的英语教师能通过参赛找到属于自己的那份愉悦和激情。

授课点评：

沈银珍教授点评：

冯伟老师的授课课文标题是 "Red Adair, troubleshooter extraordinary"。冯老师的教学目标明确，教学设计以学生为中心，以培养学生的语言应用能力为目的，教学过程流畅、衔接自然，语言规范，语速适中，教态自然大方，有亲和力，教学效果较好。

教学过程由opening up、understanding the major events、highlighting the compound words、playing with the numbers、closing等五部分组成。

首先，在导入部分，冯老师以 "Who is Red Adair?" "What's the meaning of troubleshooter?" 等问题，引出了本节课的教学内容，激发学生思考。

其次，整个教学过程中，冯老师都非常注重对学生语言技能的培养和操练。比如，通过提问 "Who is your hero or heroine? Why?" 来训练学生的语言表达能力，让学生开口说，大胆发表自己的观点；通过听短文并完成完形填空来训练学生的听力理解能力，同时也让学生了解了Red Adair其人；通过understanding the major events这一环节，培养学生的阅读技巧，检测学生的阅读理解能力；对文章中出现的复合词进行处理和讲解，图文并茂，生动形象，便于学生理解和掌握；通过课后作业让学生模拟写作，以提高学生的写作水平。

此外，冯老师在教学中精心设计了一个数字游戏，在对学生进行语言综合能力操练的同时，也活跃了课堂气氛，激发了学生的课堂参与热情，使学生在轻松愉悦的氛围中掌握相关语言知识与技能。

教学中值得商榷的是对课文的语言点、文章结构的分析略显不足，围绕课文主题展开的拓展教学也可适当增加。让学生回答 "谁是你心目中的英雄？" 这一问题时，可以问一些 "开放型" 的问题，如 "什么样的人算是英雄？" "英雄有哪些特点？" 等，也可以让学生对 "个人主义"、"集体主义" 等观点展开讨论。

董剑桥教授点评：

作为外语老师，冯伟老师的语言基本功扎实，教师素养颇佳。冯老师与学生沟通有耐心，能掌握节奏、注意引导，其教态从容自然、能张弛有度、即兴应答，比较接近平时的教学状态。冯伟老师课授的特点是：有深度、有创意，教学设计比较合理；

紧扣课题导入课堂活动；通过听写填空，自然过渡到课文内容的讲解；通过问题回答（trademark），巧妙转入组合词归类分析，并带出课文中的生词释义。整个讲解过程中穿插了学生的活动，一气呵成，十分流畅，无生硬之感。只是，年份游戏的设计虽然能活跃气氛，却并没有超出识记回忆的层次，且与既定教学目标相关性不大。总体来讲，冯老师的课是一堂很好的"公开课"，如果在以下几个方面能进一步推敲琢磨，相信一定会更上一层楼：

1. **教学设计与时间安排**。较之于45分钟的常规课授，20分钟的竞赛型课授花了5分40秒时间导入，显然不够经济。原以为冯老师单刀直入，从课文题目切入问答，直接开讲。没料到，一番互动后，PPT播出教学五步骤，这才又正式进入opening up，谈起了personal hero，为导而导的匠心立显，但却拖泥带水了。程式化教学套路对教师的制约之强，由此可见一斑。其实，在问过"Who is Red Adair?""What troubles did he shoot?""How extraordinary is his job?"等问题后，如直接进入听写填空，留出时间让学生带着问题快速浏览文本，那么随后的所有教学活动就有了认知的逻辑起点。现在的设计还是有引君入瓮的套路之嫌，学生并没有获得学习的主动权。

2. **教材审读与教学处理**。作为介绍性传记类文本，该语篇文字流畅、结构完整、层次清晰、可读性较好。但是，文章删改的痕迹还是很明显，个别地方甚至略有瑕疵。如倒数第二段的"In March of 1991, Red Adair went to Kuwait to put out about 700 Kuwaiti fires following the Persian Gulf War."，经查证原文，扑灭科威特700处油井火灾并不只是Red Adair公司一家所为，而是来自16个国家的27支油田火灾救援队共同努力的结果，是以原文有"helped prevent ..."一说。（专家提问时曾对"prevent"一词敏感，这恰恰是文脉逻辑问题所致的"不适"。）问题是冯老师所选的一段听写正是来自原文，按说对原文并非一无所知，可见教材审读还稍欠火候，内容处理不够细致也就在所难免了。

3. **语言点选择与教法设计**。冯老师选择compound words作为教学重点应该说是有一定的深度和价值的，但是考虑到学生的接受程度，似可以有更好的方法：即如何巧用已知推演未知。如troubleshooter是生词，但troublemaker却是熟词；同样，讲解deadline的构词时，可让学生说出用line合成的词，如online、offline、outline、lifeline等等；再如，可列出ice cream、dinner table、living room让学生在文中找类似的组合词oil well、oil rig、gas leak等；给出notebook、superman等让学生找出trademark、Hollywood、hellfighter、birthday等等，然后再请学生比较哪些合成词的语义与原词素相关，哪些则已面目全非，这比越俎代庖的概念灌输和机械记忆更能调动学生。至于加不加连字符，这可能取决于使用频率、约定俗成或是否便于识记（如mother-in-law），若简单归类，则容易误导。合成词的语义透明度是一个相当专业的学术问题，点到为止即可。应告诉学生合成词的语义并非总是一目了然，应该勤查词典，不可望文生义，这恰恰是学习方法的指点。顺便说一下，deadline一开始确实是"死亡之线"，extra-ordinary是超乎寻常的意思，extra不是very，而是beyond的意思。

说课点评：

说课不同于授课，在为时10分钟的说课环节，教师要讲清楚"教什么"、"为什么"、"怎么教"、"怎么学"等问题。冯伟老师说课的文章标题为"The real cost of travel"，他说课条理清晰，从对课文内容的理解、学情分析、教学目标、教学过程等方面对教学内容进行了很好的阐述。

在分析课文环节，教师能根据文章的主题和作者所关注的问题，在分析文章的内容、结构、重点与难点的基础上提出教学目标，即：1）帮助学生了解环境污染的原因及解决方法，2）解决文章中出现的关键词汇和句型，3）唤起学生对环境问题的重视。

在学情分析的基础上，教师制定了详细的教学过程。首先是warming-up环节：教师将学生分成三组，上网查找课文中将要涉及的三个旅游景点的相关信息，并派代表做小组汇报；然后教师通过提问，引出文章的主题，即旅游所带来的环境污染问题。接下来是text-understanding环节：教师通过skimming and scanning等阅读练习和完形填空，帮助学生理解课文内容和文章结构。第三个环节是language items的学习：通过词汇练习和重点句型操练，让学生了解"一词多意"和"一意多词"的现象，解决语言点和语法结构问题。第四个环节是productive tasks：通过问题"What can we do to reduce the impact mass tourism has done upon us and our lives?"，让学生头脑风暴，想出各种方法。最后是课后作业：教师要求学生模仿课文结构，写一篇有关"手机给我们的生活所带来的影响"的文章。

从教学设计来看，教师紧紧围绕教学目标展开教学，采用任务教学法，多次布置教学任务，通过小组讨论、头脑风暴等形式，提高学生的语言应用能力。同时，教师也注重运用现代信息技术，让学生通过互联网查找相关信息，培养学生发现问题、分析问题、解决问题的能力。

不足之处在于，在回答评委提问环节，冯老师对评委的第一个问题理解还不够到位，表述还不够清晰。

　　说课环节不比授课，可以反复推敲打磨，慢工出细活，它要求选手不但要有丰富的教学经验，更要有临场发挥的机敏和急智，所以更能反映出选手的真实水平。冯伟老师用简洁流畅的语言表述了他对文章的理解，描述了教学对象、课堂教学目标和具体采用的步骤。就教学设计和说课过程而言，冯伟老师的总体表现不错。完整的设计，从容的表达，机敏的反应，得体的应对，这些都体现了冯老师良好的外语基本功和教师职业素养。但是缺陷也比较明显，主要表现在以下几个方面：

　　首先，冯老师抓住了课文描述的"三个地点"的污染事实及原因，但是却忽视了作者意欲传达的message，即mass tourism带来的污染几乎遍布地球的每一个角落，无论多高、多远。作者用诗一般的语句作为小标题，end of the earth、top of the world，这些小标题不只是结构平行，而且还意蕴双关；voyage和trash也不只是其字面意义。可惜冯老师面对专家关于小标题的追问和提示，始终没有给出令人满意的回答。

　　其次，冯老师并没有根据学生阅读选文时可能出现的问题做有针对性的导读处理，而仍然从warm-up活动入手，然后生词、句子讲解、课堂活动、家庭作业，有走套路之嫌。至于为了热身而布置的课前任务，更是有点偏题，生生将污染问题变成了旅游景点的选择。课文理解部分的分组活动则继续聚焦污染三地的事实性信息，而为求清净而破坏了清静的思考性主题"real cost"被冲淡了。

　　最后，语言点的处理没有结合话题讨论的语用需求，选择相关语域的常用词汇为学生讨论提供脚手架，而是一以贯之地挑选了所谓的疑难词组与句子结构。此举虽无大不妥，但与培养学生应用能力的既定目标和活动设计似乎完全割裂了。

　　诚然，半小时的准备要求选手拿出一个经得起专家事后推敲点评的教学方案来，实属不易，也不公平。但若平时的教学处理中更多地注重批判性阅读、思维训练和实际语言应用，而不拘泥于生词、语法讲解的既定套路，结果兴许会有所不同。

二等奖　刘 颖

参赛感言：

每一次经历都是生活给予的宝贵经验，是成长的
必然。

选手简介：

　　刘颖，湖南常德人，硕士，北京电子科技职业学院基础学院外语
教学部教师。第八届"外教社杯"全国高校外语教学大赛（职业院校
组）北京赛区特等奖；第八届"外教社杯"全国高校外语教学大赛（职
业院校组）全国二等奖。

参赛感言

对于初登讲台两年的我来说，有幸参加"外教社杯"全国高校外语教学大赛是一次难得的锻炼，是一次宝贵的经历，更是一次痛并快乐着的成长。

从校内选拔赛到北京赛区的决赛和总决赛，我怀着"初生牛犊"的精神，一路走来还算顺利，并且幸运地获得了参加全国决赛的机会。然而，随着比赛的推进，我越来越多地发现了自己的问题和不足。对于抽到的文本如何处理？准备做成什么课？亮点在哪儿？活动和课堂怎么组织？在20分钟内如何有效、有趣地调动完全陌生的学生？这些问题都让我寝食不安。同时，我也发现年轻的我在很多方面都

还非常稚嫩，不论是对于职业英语职业性的把握，对英语语言本身的理解和感悟，还是对于高职英语课堂的掌控和组织。好在，我身后有一个温暖的集体，不论是北京电子科技职业学院和基础学院外语教学部的领导、同事们，还是北京市大学英语研究会高职分会的专家们，都给了我很多帮助、鼓励和支持，让我有勇气去更大的舞台上展示自己，向更多的优秀教师学习。在此，我要向他们表示衷心的感谢！

准备和参加全国决赛是值得我铭记的经历。紧张的三天赛程，我看到了其他省、市、地区的高职英语教师们的风采。他们的钻研、专注、创新、热情和专业，他们对于学生、教材和课堂的掌控值得我不断模仿、学习。而在比赛过程中，专家评委们犀利的提问和精准的点评都让我记忆犹新。犹记颁奖典礼上李力教授对所有英语教师提出的两点建议：一是要不断地提高自己的英语素养；二是要跳出固定思维、不断创新。这两点对我来说真是振聋发聩。虽刚登上讲台不久，但在备赛的过程中我依然感觉到自己陷入了某种"固定模式"的怪圈，不想或不敢去创新。可是只有当一个老师的思想、观念、知识一直是新鲜的，她的课堂才是充满活力和吸引力的。此外，作为一名英语老师，听说读写等英语语言能力不是问题，然而语言素养是否到位却是我之前没有做过太多思考的问题。要成为一名合格的英语老师，提升自己的专业水平和职业素养，一刻也不可懈怠。

最后，十分感谢上海外语教育出版社给外语教师提供这样的机会和平台，让我们可以和全国各地的同行交流，相互学习，共同探讨高职英语教学规律、交流教学经验。衷心祝福"外教社杯"全国高校外语教学大赛越办越好！

授课点评：

陈明娟教授点评：

刘颖老师语言能力强，口语流利，思维清晰，表达清楚，上课激情四射，仪态自然大方，自信且具亲和力。本节课的教学特色可归结为：目标设定清晰，节奏掌控恰当；教学过程流畅，教学气氛轻松；教学内容清晰，驾驭课堂能力强。

刘颖老师的教学设计与实施均较为成功。教学中师生互动频繁，教学风格自如放松，学生保持着较高的学习热情。刘老师讲授的课文是"Ice road truckers"，她设定了三个教学目标，即知识层面的掌握关键词汇和词组，技能层面的学会概括文章大意、表达个人观点，情感层面的学会团队合作。三个教学目标基本都在本堂课中得以实现。

刘老师把本堂课设定为extensive reading，用"What is the coolest job in your mind?"开讲，通过引发学生讨论、给出不同回答，引出本课ice road truckers这个主题。刘老师对文章的处理进行了精心设计，充分考虑了高职学生的特点，设计多样的练习形式，创设有效的学习环境，充分调动学生的学习积极性，体现了以学生为中心的课堂教学思想。

在处理文章第一、第二段时，刘老师让学生带着"What do ice road truckers do?""Is their work important?""Why or why not?"等问题阅读，并用加拿大地图形象地介绍加拿大北部的地理位置和严峻气候，以帮助学生了解背景知识，熟悉ice road truckers 这一职业及其重要性。在处理第三、第四、第五段时，刘老师把学生分成不同的小组，每一组分别围绕why dangerous、how to ensure safety、what qualities等三个方面讨论不同的段落，培养学生的概括能力。在讨论阶段，刘老师充分调动学生的积极性，和学生一起讨论为什么有人愿意从事ice road trucker的工作，并从四个方面帮助学生对这一工作进行描述，使学生学会如何描述工作。最为出彩的是最后一部分，刘老师以文章最后一段中Dianne Rowland企图阻止其丈夫放弃ice road trucker的工作为情景，要求学生设计对话并表演。学生代表表现出色，给评委留下深刻印象。

整堂课自然流畅，刘老师机智灵活，善于鼓励学生，善于调动学生的积极性，能充分利用板书、纸条、视频等增加课程的可视性和形象性，也能不时给予学生指导和帮助，课堂效果好，目标实现得好。

但本堂课仍然存在一些不足：

1. 刘老师上课充满激情，声音洪亮，但略显夸张，有表演的痕迹。

2. 对于关键词汇和词组的解释和强调不够，知识层面目标的实现略为不足。

3. 缺乏对文章长句和难句的强调和解释。

王海啸教授点评：

本节课的教学目标包括学习一些与课文主题相关的词语，训练快速阅读、个人观点表达，以及培养合作能力。从总体上看，刘颖老师较好地实现了本节课的教学目标。

课程开始前，刘老师便已经准备了一个生词表给学生预习，她还准备了一个词汇表供学生课后复习和测试。在处理课文时，刘老师也运用不同方法，引导学生在课文中查找，或在口头表达中使用相关词语。如在让学生描述加拿大北部的自然条件时，给学生提供了四个词组，让学生在课文中找出两个正确的词组。在让学生做角色扮演活动时也提供了相关的词语。

在授课过程中，刘颖老师主要运用问答的方法引导学生通过快速阅读寻找相关内容以回答老师提出的问题。有的问题涉及文章或段落的主旨，有的则涉及文章的细节。虽然教师没有使用skimming或scanning等专门词汇，但实实在在地训练了学生的快速阅读技能。

在本节课的最后，刘老师设计了一个角色扮演活动。这个活动一方面帮助学生使用他们从课文中刚刚学到的词语，另一方面也引导他们从阅读技能训练扩展到口头表达技能的训练，将课文中的内容运用到与现实生活非常接近的会话中，让他们有话想说，同时还有话能说。

在本节课的多个环节中，学生都是分组活动的，教师设计的一个课后作业也需要学生小组合作完成，不同的学生还需要完成不同的任务。

除了有效实现教学目标外，刘颖老师本节课的教学还有其他一些特点：

首先，刘颖老师没有专门拿出时间处理语言点，而是将相关词义的讨论（如working，sub-zero）、词汇用法（如cost somebody something）的解释穿插在阅读理解中进行。

本节课的另一个特点是各教学环节之间的逻辑性较强。前面提到的将阅读技能训练拓展为口头表达技能训练就是一个很好的例子。另外，在分段处理阅读理解之后，紧接着便是对篇章结构的学习，在总结出该篇课文的写作特点之后，安排学生在课后阅读另一篇类似的课文，并运用总结出的写作特点描述另外一个工作。

当然，本节课的设计也还有改进的余地。比如在第二个快速阅读活动后，教师放了一段10秒钟的录像，目的是帮助学生更好地理解课文，但由于录像时间太短，并没有起到所期望的作用。教师在问答环节中解释说，这是由于授课时间太短，但不管教师能够使用的时间有多长，每一个教学活动都应该起到应起的作用。

说课点评：

陈明娟教授点评：

刘颖老师语言基本功比较扎实，表达较为流畅，在标题为"The real cost of travel"一文的说课任务中，表现较为从容，基本完成了任务。刘老师从对课文的理解分析、教学目标和教学过程的制定等几个方面进行了必要的说明，目标设定较为明确，教学设计较为合理、贴切，具有一定的教学功底。

绝大部分选手主要从学情分析和教学设计两方面进行说课，刘颖老师也不例外。她首先对材料进行了分析，归纳了大众旅游带来的三方面的负面影响，对材料的把握基本正确。在此基础上她将本课设定为泛读，用时45分钟，教学对象为一年级IT专业的学生，使我们能够判定学生在本课教学中的地位。

刘颖老师为本课设定的教学目标有三个：知识目标是让学生掌握有关旅游和场景描述的关键词汇和词组；能力目标是让学生通过略读掌握课文的中心思想，学会表达个人观点；情感目标是要求学生了解人类活动与环境的关系，提高学生保护环境的意识。三个目标较为合理、贴切，尤其是情感目标，具有一定的深度和高度，说明刘老师具有教书育人、培养学生素质的意识。

刘老师还分析了本课的重点和难点：重点是要求学生掌握关键词汇、词组和现在完成进行时；难点是教会学生如何表达自己的观点。这说明教师比较注重学生语言点和语法的掌握，也比较了解学生的弱项，并在授课过程中根据学生的专业特点和兴趣利用APP和video等手段激发学生的学习兴趣，通过小组讨论和家庭作业等方式锻炼学生提高口头表达和写作能力。但对于长句、难句等结构如何处理没有提及，也没有对学生如何掌握这些难点给出明确的建议，对于学生口语表达和写作等弱项的处理仍不够重视。

在教学设计方面，刘老师设定了六个步骤，从导入、词汇测试、快速阅读、语法讲解，到小组讨论、总结和作业布置等，并对教学步骤的各个环节进行了描述，明确了各个环节需要使用的时间。其教学形式较为多样，练习经过精心设计，突出了词汇和语法的学习和掌握。家庭作业要求学生对旅游带来的负面影响进行调研，并以设计海报的形式提出解决问题的建议，此设计较有新意。但是，刘老师对教学设计的整个表述思路还不够清晰，表达还不够流畅。

此外，在回答评委提问的环节，刘老师对问题的理解和回答还不太尽如人意。

刘颖老师的说课给我的第一个感觉就是中规中矩。刘老师一开始对课文的结构和内容进行了简单的分析。在接下来的教学安排中，刘老师对课型、教学对象、教学目标、教学重、难点和教学方法等做了介绍。然后便是具体的教学步骤，即课前、课中和课后的教学安排。

具体而言，刘老师在确定教学目标时沿用了她在授课时运用的框架，从knowledge, skills和value这三个方面确定教学目标。虽然框架是一样的，但这些教学目标与所教课文的语言和内容还是有直接关系的。在教学步骤的设计中，刘老师能够根据学生的特点和课文主题选择相关的补充视频等学习材料，并使用网络教学APP，如Quizlet、蓝墨云班课等辅助师生交流和检测。课内学习从词汇复习，到通过快速阅读理解课文主旨，再到细节的理解和关键语法结构的学习，最后再到口头和笔头产出。这样的安排无论在教学节奏，还是在内部逻辑关系上，都是比较合理的，有助于学生进行有效的语言学习。从刘老师所举的重点词汇和语法结构的例子，以及她在后面问答阶段的表现看，刘老师对课文还是有比较好的理解的，能够发现课文的语言特点，并根据这些特点组织教学。

刘老师为本课设计的课后作业不是一个普通的口笔头练习，而是让学生做一个与环保宣传有关的poster。这不但要求学生阅读大量的材料，而且还要能够对所阅读的材料进行归纳总结，制作一个具有很好视觉效果的poster，在后续的展示阶段还要能够根据poster上的关键词语向其他同学介绍相关内容。这样的作业既能够引起学生的学习兴趣，又能够帮助学生培养综合语言应用能力。

总体而言，刘老师这样中规中矩的说课安排的优点在于面面俱到，而缺点则在于缺乏创新。这样的套路几乎可以运用于所有课文的处理。另外，刘老师在说课开始时将本节课定性为泛读教学，但在确定教学难点时强调了学生在语言产出时的困难，这似乎让人有些费解，因为产出技能的培养不应该是泛读教学关注的主要内容。在教学方法运用上，刘老师说要运用production-oriented approach，但从她所介绍的教学步骤好像很难看出是如何体现production-oriented approach的理念与做法的。

二等奖　秦雅芬

参赛感言：

要让学生超越老师，就要把发现、探索和思考的权利交给学生。

选手简介：

　　秦雅芬，江西南昌人，现任教于南昌师范学院。本科毕业于江西师范大学英语专业，后于爱丁堡大学学习，获得对外英语教学专业硕士学位。2017年获得江西省高校第八届"外教社杯"英语教学大赛特等奖。

参赛心路历程

作为一名执教仅仅一年的青年教师，能够参加我国规模最大、层次最高、影响最广的全国性外语教学专项比赛是我的荣幸。我是怀着向其他优秀英语教师学习的心情参加这次教学比赛的。从江西分赛区的复赛和决赛到全国决赛和总决赛，一次次的进步让我充满信心，并让我更加坚信：作为青年教师，一定要敢于尝试，敢于突破，敢于挑战！

为期近半年的比赛已经结束一个月了，这次比赛让我受益匪浅，感慨万千。下面，我将谈谈自己的参赛感受。

首先，"合抱之木，生于毫末。九层之台，起于累土"。如果教师平时的积累不够，想要在比赛时发挥出色是很难的。所以，作为一名教师，需要不断积累知识，保持终身学习。平时备课时，我会在网上广泛地查找各类资料，以求丰富课堂。而这次全国比赛中，我用的一段乔布斯在斯坦福大学的演讲视频，"Stay hungry, stay foolish"，就是我平时备课时积累下来的资料。我在全国比赛中抽到的文章标题是"There's a lot more to life than a job"。对于高职学生来说，这篇文章比较难懂，因为文中有一些比较抽象的概念，比如："... education teaches us to see the connections between things, and to see beyond our immediate needs."。学生读到这句话的时候可能会感到疑惑，see the connections between things 和 see beyond our immediate needs 是什么意思？connections between things 是什么和什么的联系？immediate needs 是指哪些需求？对于这些疑惑，我该如何用有趣的方法去解答呢？此时，我想到了乔布斯的这段演讲。他说他当年学习了书法，虽然当时并没有想过有一天会将其运用到工作中去，但十年之后，他将书法运用到了设计苹果电脑的字体中去，创造了当时电子产品中最美的字体。这段演讲完美地诠释了 see the connections between things（乔布斯看到了书法和设计苹果电脑软件之间的联系），也诠释了 see beyond our immediate needs（告诉同学们不能目光短浅，应该像乔布斯一样有远见）。有人说，学生要一杯水，教师要有一桶水。而在学习资源如此丰富的今天，仅仅是一桶水已经无法满足学生，教师要像一条湍流不息的大河，不断地积累各方面的知识，才能成为优秀的教师。

其次，"一人难挑千斤担，众人能移万座山"。从四月份学校的初赛，到江西分赛区的复赛，再到全国的总决赛，外国语学院的领导和同事们都给了我极大的支持和鼓励。领导们一次次地帮我组织、安排学生配课，和同事们一起，一遍遍地帮我打磨课程、修改课程。正是因为领导和同事们的帮助，才让我呈现出一堂精心设计的课程，才让我有前行的信心。

从省赛到全国比赛，一路走来，我观摩了全国最优秀的教师们的精彩授课和说课，收到了全国最权威的评委们的点评，这些都激励着我在英语教学中不断努力，不断寻求创新和突破！

授课点评：

邵红万教授点评：

秦雅芬老师流利的英语表达和富有激情的授课给评委留下了深刻印象。授课选文的标题为"There's a lot more to life than a job"，其授课特色可归纳为：

1. 通过job-oriented与 life-oriented以及materialistic与idealistic两组概念，将选文的思想性与人文素质的培养贯穿英语教学全过程，实现教学与育人有机结合，符合高职英语课程教学要求。

2. 借助Steve Jobs的视频向我们阐明教育有助于我们发现事物间的内在联系，我们不能只顾眼前、急功近利，而应放眼长远、厚积薄发。通过视频将抽象的道理具体化，这样的设计符合高职学生的认知特点。

3. 课后作业让学生围绕主题运用所学语言知识开展role play口语活动。为确保学生能够完成角色扮演，运用英语学习支架理论（scaffold theory）为口语活动提供具体指导（见图示）：

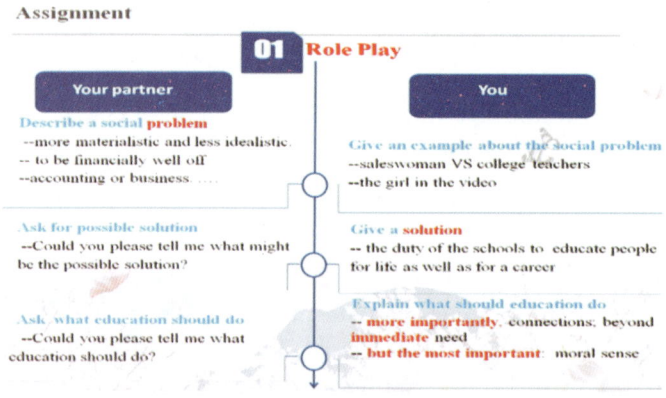

4. 巧妙地运用图片、视频、PPT等可视化工具以及e-learning platform等多种媒体辅助教学，实现信息化技术与英语教学深度融合，有助于吸引学生的注意力、激发学生的学习热情、提高教学效率和效果。让学生将role play的视频及拓展阅读"Stay hungry, stay foolish"的读后感上传至e-learning platform学习平台，既对自主学习实现监管，又实现同伴分享，构建学习共同体，有利于学生相互学习、共同进步。

值得商榷的有两点：一是在课文理解环节，秦老师一开始就让学生分组关注不同段落的关键信息，完成blank filling的学习任务，这样的设计容易割断选文的文脉逻辑，致使学生对选文理解"只见树木不见森林"，造成"盲人摸象"的后果。二是不顾高职学生语言能力普遍较弱的事实，偏重课文理解与分析，弱化了"If only ..."、"If it won't compute ..."等语言知识与语法知识的讲解。

在问答环节，评委的第一个问题旨在提醒选手"If it won't compute ..."中的"it"是一个语言难点，教学中应加以处理。秦老师的理解基本准确，回答基本切题。第二个问题，秦老师自信，通过课堂教学，大多数学生都会赞同作者life-oriented的观点，这样的自信没有道理。评委提问的真实意图旨在提醒教师，教学设计应对学生可能给出的不同回答提前做好预案。

沈银珍教授点评：

秦雅芬老师授课的课文标题是"There's a lot more to life than a job"。从整堂课的教学来看，秦老师对教学内容、教学过程进行了精心设计和准备，其教学思路清晰，目标明确，语言流畅，有亲和力，教态自然大方，给人留下深刻印象。

教学过程由lead-in、reading comprehension、language function、structure analysis、assignment等五部分组成。导入部分选用了关于一位在国外留学的学生的视频，现身说法，引出major、life and job等话题，让学生展开讨论。教学中采用问题导向，引导学生分析问题、解决问题。如在阅读理解部分，先让学生分组讨论，找出文章中提及的当今大学生价值观方面存在的问题，即物质第一（大多数学生选择专业和课程的目的是为了有一份高薪工作），继而引导学生分析这一问题存在的原因，并通过乔布斯、邵逸夫、扎克伯格等的典型事例，说明教育的目的并不是为了眼前的利益和一份赚钱的工作，人们的生活除了工作以外还有其他很多方面，如家庭、朋友、道德、责任等等，由此告诫学生要有广博的知识和远大的目标，作为教育工作者要引导学生树立正确的价值观、人生观等。

值得一提的是，秦老师将教学的五个部分有机衔接，过渡自然。在阅读理解的过程中，自然而然地解决了部分词汇和语法结构的问题。

不足之处包括：在语言技能的训练方面，显得有些仓促，应该花更多的时间让学生操练相关句型和重点词汇，而非简单地做几道翻译练习。教师在归纳总结之前，可以让学生针对文章的主题展开辩论，这样一方面能提高学生的学习兴趣，活跃课堂氛围，让学生都能参与到课堂教学中来，另一方面也能锻炼学生的语言表达能力和思辨能力。

说课点评：

邵红万教授点评：

秦雅芬老师说课语言流畅，思路清晰，目标明确，措施得当。其说课选文的标题为"The real cost of travel"，说课包含教学对象、文本分析和教案三部分。她的说课有三大亮点，一是选择一年级旅游管理专业高职生作为特定教学对象开展教学设计，将英语学习与高职学生的专业相结合，服务于学生的专业发展。二是注重对语言知识的讲解（这一点常常被参赛选手忽视），既注重对tourism、tourism industry、habitants、ecotourism等旅游专业词汇的学习，又从语言学层面对effect & impact、took off & growing & booming等近义词进行辨析，并通过翻译练习强化其用法。三是除对选文进行先总后分的深入分析之外，还引导学生关注选文标题的"低价航空游给环境造成严重污染"和"旅游业发展以污染环境为代价"的双重含义。美中不足的是，说课的教学设计与授课的教学设计如出一辙，有程式化之嫌，缺乏新意（这也是大多数参赛选手的通病）。

在回答问题环节，对第一个问题，秦老师准确理解问题要点，回答基本正确。她认为世界屋脊珠穆朗玛峰都未能免受污染，可见旅游给环境造成的污染何等严重。第二个问题针对problem-solution结构，作者一般会更加关注问题所带来的影响还是解决途径？对此秦老师未做解释，只说如果她是作者会更加关注问题所带来的影响。她认为本文作者对问题所带来的影响与解决途径都给予了重视。尽管两个问题秦老师的回答基本正确，但没能很好地 keep to the point，表述不够简明扼要。

沈银珍教授点评：

秦雅芬老师的说课由学情分析、课文分析、教学设计等三部分组成。

首先是学情分析。秦老师设定的教学对象是高职旅游管理专业一年级学生，他们会利用互联网来学习，课前通过查阅词典了解课文的相关内容。

其次是课文分析。通过对课文主题、结构、重点和难点进行分析，提出教学目标，即：1) 理解文章的主题思想；2) 了解文章的主要结构；3) 掌握核心词汇。

教学过程围绕教学目标展开，侧重语言技能和写作技巧的训练。在语言技能方面，注重语言应用能力的培养，对核心词汇和重点句型进行操练，让学生区分意近词的不同用法。通过对文章结构的分析，归纳出写作特点，并要求学生课后模仿其进行写作，上网查阅更多信息，补充完善文章中提到的解决环境污染问题的方法。这不仅能有效提高学生的英语写作能力，也能进一步让学生了解环境污染所带来的危害及我们应采取的措施。

其教学活动的设计科学有效：利用视频、网络、图片等辅助手段开展教学，使教学生动形象；利用角色扮演活动，让学生充当记者和游客来进行role-play，能帮助学生巩固所学词汇、句型和文章内容，真正做到学以致用。

在回答评委提问环节，秦老师语言流畅、思维敏捷、反应迅速，但应在耐心听完评委的问题之后再作回答。此外，秦老师对于评委提出的第二个问题只回答了后半部分。

二等奖　季佳平

参赛感言：

路漫漫其修远兮，吾将上下而求索。

选手简介：

　　季佳平，任教于南通师范高等专科学校。获第八届"外教社杯"全国高校外语教学大赛（职业院校组）江苏赛区特等奖，第四届"外教社杯"全国高校外语教学大赛江苏赛区（综合课组）二等奖，江苏省师范生基本功大赛"优秀指导老师"。

个人体会

2009年夏天，我怀揣梦想来到南通师范高等专科学校，成为一名英语教师。初为人师的我，时刻铭记着"坚苦自立，忠实不欺"的校训，丝毫不敢懈怠。然而，教学之路并非一马平川。执教之初我便发现高职学生生性好动、乐于学习，但他们的英语语言能力相对较低。怎样让他们善学、善思、善用呢？所幸在我执教的这所老师范院校里我找到了答案——教在学生疑难处、教在知识重点处、教在学力潜能处。

"外教社杯"全国高校外语教学大赛已经举办了八届，我先后参加了第四届和第八届比赛。两次比赛对于我来说是难得的锻炼，我收获的不仅是先进的教育理念、积极的创新思维和优化的教学方法，更是触动心灵的感悟。以这次全国决赛为例，我抽到的是"**Edge kids and influencers**"这篇文章。拿到题目的两天中，我查阅了国内外大大小小的网站，但一无所获。可想而知，组委会这样做不仅是为了比赛的公平，更是为了考验选手的实力。两周的备赛时间，既艰苦又煎熬。其间，我冥思苦想、不断修改、反复演练，最终我否定了前几稿内容，决定基于主题，从edge kids和influencers的定义、重要性、必要性和价值出发，优化教学设计。这样环环相扣的阅读任务不仅能让学生吃透文本，更能让他们在忠于原文却高于原文的基础上顺利完成最后的写作练习，以形成"以读促写，以写带读"的良性循环。然而非常遗憾的是，决赛时的紧张氛围让我在教学过程中语言缺乏逻辑性和准确性，未能取得理想的教学效果。正如李力教授在颁奖典礼上所言："英语教师不仅要有扎实的语言基本功，更需要有良好的语言素养。"这番话让我为之一震，意识到这是我需要努力前进的方向。

通过这次教学大赛，我领略了大赛评委老师们的渊博学识，见识了同行们的精湛技艺，感受到了校领导和同事们的关心与帮助，更明白了教学的任重道远。最后我希望自己能像一缕阳光一样，为孩子们驱散黑暗、照亮前程。我相信有爱就有光，有光就有一切。愿我的一份坚守能陪伴着他们在未来的人生路上走得更好、更远。

授课点评：

李富森教授点评：

季佳平老师授课选文的标题是"Edge kids and influencers"。总体来说，季老师教态自然、有亲和力，教学理念明确、思路清晰，教学任务安排合理。具体而言，有以下特点：

1. 教学基本功扎实，具有良好的语言表达能力及较强的英语课堂教学设计能力，能较好地激发学生学习语言的积极性和主动性。比如在课程导入环节，季老师选取时尚、新颖的图片，有助于启发学生积极思考，引出主题及教学目标。

2. 教学目标明确：如语言目标、能力目标和情感目标。教学思路清晰，教学任务安排合理，对课文布局及语言知识的讲解详细，能较好地把握重点、难点的讲授。例如，以statement、example、restatement为主线进行文章结构分析，并通过撰写书信引导学生总结所学知识，引导有效，设计巧妙。

3. 各教学步骤的时间分配及活动安排较好地体现了以学生为中心的教学理念。教学方法得当，采用任务型教学与分组讨论相结合的方式，有效帮助学生理解学习材料，有利于培养学生的语言综合运用能力，从而提高学生的思辨能力、思考能力和分析能力。例如，季老师通过下定义的方式学习关键词、使用学生熟悉的WIFI式关系图表述关键词之间的关系。

4. 教态自然、活泼，有感染力，善于营造良好的课堂氛围，整个授课过程清晰、流畅。和说课相比，季老师在授课环节的教态平稳了许多，能有效调动学生的学习积极性。在评委提问环节，季老师对问题的回答正确、合理，应变能力较强。

不足之处是，季老师英文表达虽然清晰流畅，但是个别单词的发音应克服一些造成发音不够标准的习惯，例如spread、name、one、people、word等词中元音的发音需要再准确一些。

李力教授点评：

这节课的特点是目标明确，紧扣中心，结构合理，互动良好。

参赛选手给这节课定的目标是：1）Understand the passage thoroughly, 2）Analyze the method of stating opinions, 3）Dig out good qualities of edge kids and influencers。这些目标具体、明了，让人对这节课到底要干什么一目了然。

在随后的教学中，无论是词汇学习，还是课文分析、技能训练、写作练习，参赛选手都非常紧密地围绕教学目标进行。她所选的三个语言点，edge kids、influencers和video makers，是课文的核心语言点。她对所谓的statement的分析和改写、对所谓的restatement的解释和分析，能较好地让学生了解如何提出自己的观点并加以补充证明。随之而来的写作练习不仅让学生把刚学到的方法立即加以应用，也强化了学生对课文的理解。最后，通过挖掘edge kids等类人物的特点，参赛选手用Jobs的话进行总结。特别值得提出的是选手布置的作业：她不仅要求学生通过网络学习完善那封信，而且要求学生预习 "Clothing manufacturers in America know that these creative 'cutting-edge' kids like Katy are wearing today what millions of others will want to wear tomorrow." 这个句子，提到下次上课时会深入学习。这个句子选得很好，因为这句的确是这篇课文中的难句，其语法结构比较复杂，学生在理解时会有困难。这体现出参赛选手对语言问题的关注，找准了课文的难点。遗憾的是，由于时间关系，我们没能看到选手如何处理这个难句，而这正是我们希望看到的。

选手用两分钟的时间进行lead-in的教学，两分半钟的时间教词汇，十分钟的时间用于各种活动分析、理解课文，四分钟的时间练习写作，最后是总结和布置作业。这种时间分配比较合理，突出了重点。

在这节课中，师生的互动是比较好的。选手的语言有亲和力，关注了学生的反应，设计的活动合理，学生的参与度较高。

美中不足的是，选手在处理一些问题时还有缺憾。

第一，关于edge kids的处理。Edge kids实际上是 "cutting-edge" kids的简化称呼，在课文里最先出现的就是 "cutting-edge" kids，这是一个非常形象生动的比喻用法。如果参赛选手在处理edge kids时能从cutting-edge入手，学生们就有可能不是肤浅地去理解edge kids的含义，而能理解其深层含义，领略语言的美。这是语言学习的重要内容。能否恰当地感知和处理这些语言现象，也反映出教师的语言修养。

关于statement和restatement的使用，也不一定恰当。提问评委也专门提出了这个问题。在通常情况下，两者不仅有上下位的关系，而且还有先后顺序的不同，而参赛选手选定的statement出现在最后一段，restatements则早在前面的段落中就出现了。在这种情况下用这两个术语，在逻辑上说不通。此其二。

其三，选手在课堂教学中的临时整合能力还可以进一步加强。如当学生的influencers发音出现重音错误时，选手纠正不力。虽然她也对两三个学生的发音进行过纠正，但当几乎全体学生异口同声且一而再、再而三地出现这一错误时，则应该进行集体纠正。再如，上课至七分十五秒时，要学生补完一个以C字母开头的单词，选手提示 "What's the meaning of 'make up'?"，学生回答cosmetics，说明学生把make up理解成了make-up。这时本来可以进行有针对性的教学，但选手似乎没有意识到。还有，从第十七分二十秒开始，一个学生念自己写的信，开始对老板的称呼是Dear Sir，而结尾的称谓却是Yours Tom。在这种情况下使用first name是不恰当的，但参赛选手似乎也没意识到。顺便说一句，参赛选手在让学生写信时给出的三个依据中的第二个，其中有promote sales，这和第三个依据重合了，而且第三个依据中的triple也不一定恰当。

说课点评：

李富森教授点评：

季佳平老师说课的文章标题为 "The real cost of travel"。季老师对说课材料理解准确，教学环节结构清晰，根据说课材料适当结合素质教育，注重培养学生的语言能力、交际能力及思辨能力。教学过程分为lead in、structure analysis、reading between lines、critical thinking、homework等五个部分，每个部分教学目标明确，教学任务设计合理，详略得当，展现了较强的教学功底及较成熟的教学策略。在提问环节，季老师能准确回答评委提出的问题，应答得体，表达流畅，逻辑清晰。

遗憾的是，季老师在说课过程中语速过快，影响了说课的整体效果，应当充分考虑给听者留有思考的时间。另外，个别单词发音不太准确，说课内容上有些程式化，缺乏创新。

李力教授点评：

选手的说课简洁明了、详略得当。

在短短的一分多钟内，选手就把课文的基本内容、学生情况和如何应对学生积极主动、思想活跃但注意力持续时间不长的措施说清楚了。她没有用过多的时间来复述课文内容，因此整个说课不显得头重脚轻，也就有足够的时间来阐述自己的教学目标、步骤等重要内容了。

随后，选手较为详细地介绍了教学目标和教学步骤。其教学目标为: 1) 理解课文, 2) 能力训练, 3) 思维训练; 其教学步骤为: 1) 导入, 2) 结构分析, 3) 深层理解, 4) 批判性思维, 5) 布置作业。在导入部分，选手专门介绍了在课前需要对学生提出的要求，以便让学生获得充足的背景材料，这很好。在谈到深层理解时，选手选择了take off和ecotourism，并较为详细地谈了她的教学设想。第四步，选手鼓励学生对课文中学生觉得说服力不足或不赞成的内容进行质疑或补充，并提出解决旅游污染的有效措施，这种促进学生积极思考的做法值得肯定。选手布置的课后作业也很恰当。根据选手的要求，学生课前已做了准备，课堂上又较为充分地理解了课文的基本观点和一些表达方法，再加上围绕课文进行的较为深入的讨论，学生们便有了足够的知识储备，而作文的题目——Save the earth, save ourselves——又紧扣课文内容，可以预料，学生能够较好地完成作业。

　　说课的一个非常重要的内容是阐明自己的教学目标和教学步骤的合理性和可行性。选手较为详细地谈了她的教学目标和步骤，而且还提到了这样做的原因。如在谈到学生的课前准备时，选手表明其目的是让学生有更大的参与愿望，也让学生在理解课文时更容易。再如对课文中前后相关句子的处理，选手认为这样可以使学生更好地理解课文。这些阐述非常必要，但仍然显得不够。

　　另一个不足是，在处理对课文的深层理解时，选手没能选好处理的对象。其实，这篇课文的三个小标题都有多层含义，这恰恰又是学生学习时的难点。如果选手能够意识到这一点，并引导学生理解和赏析，那就好了。

二等奖　姚素华

参赛感言：

Shanghai, I came. I conquered. The experience will be engraved in my memory forever. Thank you all, my beloved friends and colleagues. The prize is for us!

选手简介：

　　姚素华，广东佛山人，毕业于华南师范大学外文学院，本硕连读。于广东工业大学外国语学院执教两年后，现任教于广东交通职业技术学院。曾获"教学质量优秀奖"，曾指导学生参加省级写作比赛获二等奖，曾担任宝洁公司（广州）越洋培训翻译以及多届广交会展会翻译。2017年获第八届"外教社杯"全国高校外语教学大赛广东赛区特等奖以及全国总决赛二等奖。

路漫漫其修远兮，吾将上下而求索

有幸代表广东省参加此次全国性的比赛，实为教学经历上的里程碑。感谢外教社搭建这样一个平台，感谢评委老师们精彩的提问和点评，感谢广东交通职业技术学院基础部朱东华主任和教研室张彦杰主任的全力支持和用心指导，感谢去年广东参赛选手陈海涛老师以及各位同窗好友的帮助。在此次盛事中，广东赛区还荣获了最佳组织奖，获得了一赛双赢的好成绩！

作为一名普通的英语教师，我的工作就是让学生在课堂中尽可能多学知识并掌握学知识的方法，通过英语更多了解外面的世界，更好地提高自身的人文素养。一直以来，我都尽己所能地备好课、上好课，积极与学生交流，了解他们的想法，设计出适合他们的水平、兴趣和目标的教学活动。

在备赛的两个月中，我几乎每天都在为之奋斗，这个过程可谓"痛并快乐着"。我研读了"外语教学网"微信公众号的"教学风采"栏目以及每年外教社出版的大赛相关书籍，分析了往届优秀获奖选手的现场授课和即兴说课，对比赛流程和评委风格进行了了解，积累了大量学习笔记。

在得知进入全国总决赛之后，我便将赛场上所有可能出现的问题罗列出来，虚心请教在去年国赛中荣获二等奖的陈海涛老师。陈老师经验丰富，对我的问题一一作了回答，对我进行了耐心的指导。离国赛还有两周时开始网上选题，我所抽到的题目是全球PwC主席有关上海作为智慧城市之未来的一篇演讲。文章术语众多，语句复杂，信息量大。现场授课仅有20分钟，如何简洁、清晰地把教学重点完整、连贯地呈现出来是个考验。为此，我先对整篇文章的主线和背景进行了全面而细致的梳理，不放过任何一个单词，又与研究生同学和同事们讨论文章内容和教学思路，思学生所想，教学生所需，集思广益，反复推敲。然后进行全文翻译润色，不断修改课件和授课稿。最后，和学生进行教学演练，继续完善教学思路。特此感谢朱主任和张老师，二位在观摩演练之后提出很多宝贵的建议，让我受益匪浅。在两周的准备过程中，我侧重于全国决赛授课环节的准备，而对总决赛的说课环节有所忽略，因此在说课环节倍感压力，未能像在省赛中那样稳定、自如地发挥，略感遗憾。但人生就是惊喜与遗憾的交织，不是吗？

当前大学英语正面临着重要改革，其重要性被逐渐削弱。我想起在一次全国性的教学培训中，主讲人问了在场各位老师一个问题："大学英语课堂最终能带给学生什么？"有些老师说"英语知识"，有些老师说"考试技巧"。我当时的想法是，让学生通过英语了解和学习国外先进的知识和技术，这与主讲老师的想法不谋而合——"增强我国的综合国力"。推行"一带一路"使我们国家对复合型人才的需求日益急迫，再高水平的翻译人员也无法替代专业技术人士去解决技术层面上的问题。这也是我在宝洁公司担任越洋培训翻译中的深刻感受。希望大学英语课堂能为高职高专学子在成为复合型技术人才的道路上做好铺垫。

以上便是个人在此次教学比赛以及大学英语教学中的一点体会。再次感谢外教社和广交院提供宝贵的机会，让我得以在教学的道路上越走越远、越走越深、越走越广。

授课点评:

董剑桥教授点评:

本节课授的主题是 "Shanghai's future as a connected, smart city"。姚素华老师以 online shopping 为例,图文并茂地引出新四大发明,并紧扣 connectivity 和 smart 两词,直接进入课文主题,简洁明快的导入令人耳目一新。姚老师随即介绍了课文作者所关注的上海热门的四大技术应用,然后,在学生初步了解课文的基础上,以三个 areas 为主线,采用补全句子信息的方式组织课堂问答,推进教学步骤,课授设计颇具匠心。

姚老师在教学过程中注重媒体应用,讲解词汇、新概念时善用图片示例,快速激活学生的知识储备。尤其值得称道的是在课文小结环节,利用 mind map 对课文内容进行可视化结构处理,既加深了学生对所学内容的印象,也教会了学生思维方法,是为亮点。布置作业不但具体明了,还推送课件及课外资源,利用二维码了解学生的反馈,意在建立 connected、smart 课堂,这既是与主题的呼应,也是新技术课堂应用的尝试,值得肯定。

有以下两处与姚老师商榷:

一是关于练习设计

1. 开讲前按段落分组阅读(讨论)的填空设计并不合理。此举似乎只对完成教学步骤"有效",对学生个体而言则成了"盲人摸象",割断了课文阅读的文脉逻辑,不利于学生完整地理解课文,而且找词填空也不需要讨论。

2. 讲解过程中,所有的交互性问答均采用补齐信息的填空,似乎有些机械、单调(浅层次识记),也不利于调动积极思维。如能将课文原句改写后再填关键词,效果会好一些。当然,理想的做法是能交替使用问答、复述、释义、定义等方法。事先应该预案多多,临场则可随机应变。

3. 最后的 role-play 与爷爷的对话练习设计有明显瑕疵,看起来任务真实,场景真实,但是却没有语用真实性。因为交际对象与任务不合:为什么用英语和爷爷交流呢?"祖孙"两人一开口就觉得别扭,不是吗?

其次是教材内容把握:

1. 三个领域分别是 healthy living(EMR),smart business(Fintech),mobility(social media)。Connectivity 是贯通三个应用领域的技术支持,而不是移动应用独享的(第二和第三段均有提及)。所以专家提问问及课文题目可否删减时,并非无解:删掉 connected 和逗号,更好。

2. 二十分钟的课授,出于取舍的考虑,姚老师并没有刻意处理词汇和语法,但是有些涉及金融领域的词汇不加提点,还是会影响课文理解的,如 credit system, e-transactions, clearing and tax 等。

3. 教学设计既要有艺术地教,更要有意义地学。现有的设计基本是按教师课演的逻辑来安排的,学生在内容方面的疑点、难点并未受到足够的关注。如EMR系统是怎样改善公众健康水平的;Fintech何以改变了传统金融业的价值链;社交媒体和移动应用与环境监测、降低排放又有什么关系等等。教师需要做些功课,更要调用学生的知识储备,激活他们的思维空间,共同填补内容上的"信息差"。

曾用强教授点评:

姚素华老师讲授的课文是"Shanghai's future as a connected, smart city"。她首先以一张学生熟悉的"双十一"宣传画引入online shopping这一概念,继而引出现代中国的新四大发明: online shopping、online payment、high-speed rail、shared bike,以此导入主题"Shanghai's future as a connected, smart city"。大约两分钟的导入之后,姚老师介绍了教学目标:掌握文章大意、学习课文中的词语及构词法(以-ity为后缀的派生词)、分析并概括上海是如何成为一座真正的智慧城市的。

姚老师用自我陈述的方式介绍了课文中提到的几项现代技术,然后要求学生完成阅读理解练习(填空题),最后与学生边讨论边对答案,并引出课文中的重点词语,着重讲解了后缀-it的用法,比如mobile → mobility、connect → connectivity等。

姚老师的教学设计重点在课文分析。她首先向学生介绍了课文分析的框架: topic — illustration — example — ending,然后基于这个框架分析了课文的三大部分(分别介绍improved health、smart business和mobile technology等三大领域),教学方法采用"问答+填空"。姚老师最后应用思维导图概括了课文的讲解,给予学生很直观的感受。姚老师的这一环节的教学比较成功:引导学生如何学习(课文分析的框架)、指导学生完成学习(互动+训练)、教导学生概括学习(思维导图)。

姚老师以角色扮演来结束本课的教学:学生带她的爷爷逛上海,介绍上海生活中的现代技术的应用,让爷爷打开眼界。角色扮演是一种很好的教学形式,让学生有身临其境的感觉,容易激发学生真实的语言产出。但有点遗憾的是,在本节课中,学生类似的真实语言产出有点少,大多数时候学生只是在做练习,然后对答案。

姚老师的教学特征可以概括为"平实":首先,在整个教学过程中,她对待学生很"平和",总是面带微笑,语音、语调也是不急不慢,一点也不做作;其次,她的教学设计很"平常",遵循了常规的"导入——讲解(从课文到语言点)——概括——布置作业";最后,她的教学组织很"平稳",设计了贴近学生实际水平的练习,每个教学环节之间的衔接很自然、顺畅,时间把控得比较合理。"平实"的教学风格有时候会给人一种"缺乏激情,创新不足"的感觉,所以我的建议是:保持自己的"平实"风格,通过训练方式的"创新",激发学生的"激情"。也就是说,在今后的教学中,增加让学生主动参与的、互动性强的训练方式(如角色扮演、仿真任务等),最大化激发学生真实的语言产出。

说课点评:

董剑桥教授点评:

在总决赛的说课环节,选手们用的是同一份材料,因此,教学处理很有可比性。和大多数选手一样,姚老师分别从教学对象(who)、教学内容(what)和教学方法(how)三方面介绍了自己的教学思路和教学设计,陈述过程条理清晰、层次分明,语言表达流利自如(但口音稍重),并一如既往地使用了可视化工具(PPT),提纲挈领地展示陈述要点,总体表现中规中矩,颇有看点。

但遗憾的是姚老师的陈述并没有跳出竞赛型说课的套路:即使用笼统的元话语和程式化的教学模板,而不是就具体的教学材料(给定),针对特定的学生(假设),设计有针对性的教学方法(对策)。也就是说,用教学的一般性原则和格式化流程替代具体的教学方法(如姚老师呈现的3 approaches: 1. heuristic–teacher, 2. cooperative–students, 3. grammatical–language)和教学步骤(1. pre-reading, 2. while-reading, 3. post-reading)。这样做的好处是保险,以不变应万变,也有话可讲(可事先准备);弊端是缺乏创新,不能切实解决具体问题。

另一个问题是对教材文本的解读仅止于表面字义,对内容的理解也仅在于事实性信息,而对作者的写作手法,以及借此传递的观点、态度不甚了了。对语篇、语旨的宏观把握更是缺位。文章的最后一句与两个小标题(隐喻双关)是遥相呼应的,同时也是回应文章题目的点睛之笔;第三段较之于第二段甚至是递进的:"from ... to ...,our trash is everywhere. Despite the fact ..., their impact is still felt."。然而,凡此种种,均被老师有意无意地忽略了,难怪当提问专家要求对文章小标题进行释义时,姚老师竟有些茫然不知所措,结果也就不知所云了。我们或可以说半小时的准备不足以出上品,但吃透内容毕竟是教的前提条件。

教学套路化的毛病也体现在语篇分析的"主题句"模式上。主题句是针对具体文类而言的,但是这篇材料偏偏不那么适用。老师弃黑体字小标题研读于不顾,想当然地让学生在段落中找主题句,岂不是逼着学生犯糊涂?所以,让老师自己找一下也算不得故意为难,实在也是想给大家提个醒。

姚老师的说课是基于标题为"The real cost of travel"的一篇课文，她从以下三个方面进行说课：who, what 和 how。首先是分析授课的对象（who），其次是授课的内容（what），最后是授课的方法（how）。姚老师的说课思路很清晰，结构很简洁，内容很具体。

姚老师设计的授课对象是非英语专业的新生，具有中等英语水平。这篇课文的内容适合她的学生，因为他们喜欢旅游，但是课文中的词汇和句子结构却比较难，尤其是一些长句。

授课的主要内容包括课文的主旨思想和语言点等，其中难点是长句和难句的分析，教学目标是让学生掌握合作、预测以及概括技能。姚老师能够结合学生的语言水平和专业特点，有效设计教学的重点和难点。但是，在课文分析过程中，应该针对学生的语言水平，更明确、具体地指出哪些长句是难句。

姚老师授课的方法包括：启发式（基于教师的视角）、合作式（基于学生的角度）和语法法（基于语言学习的目标）。启发式教学包括老师提问，启发学生回答问题；合作式包括鼓励学生参与结对讨论，如相互交流旅游经历等。此外，针对高职学生基础不扎实的特点，语法内容采取直接法教学。姚老师对采用的教学方法进行了细致的思考和精心的设计，整体而言，她所设计的教学方法符合教学内容的需要和授课对象的特点。

姚老师的具体教学流程由pre-reading, while-reading和post-reading等三个环节组成，采用top-down（title prediction, topic sentence abstraction, whole text summary）的教学组织方式。老师首先通过图片和视频等手段，引导学生进入旅游污染和代价这一主题。学生先浏览每段的第一句，把握段落大意，基于主题句提炼概要，在阅读过程中划出生词与难句，然后组织小组讨论，概括全文的要义。最后要求学生完成阅读理解练习（五道选择题），以检测学生的理解程度，从而决定是否进入下一环节的学习。

不足之处：

● 语言难点的分析与提炼不够具体；

● 教学时间的安排不够合理，就一节课而言，内容有点多；

● 在回答专家的第一个问题时，其回答只是停留在语言表面上，没有真正理解其内涵。

二等奖　彭一飞

参赛感言：

The art of teaching is the art of assisting discovery.

选手简介：

　　彭一飞，毕业于英国华威大学（University of Warwick）英语语言研究与方法专业，获文学硕士学位，现任教于河南经贸职业学院外语旅游学院。曾获河南省教育系统教学技能竞赛二等奖、第八届"外教社杯"全国高校外语教学大赛河南赛区第一名。

心得体会

2017年11月25日至27日，第八届"外教社杯"全国高校外语教学大赛全国总决赛在上海外语教育出版社举行。能够代表河南省赛区与其他28名各省、市、自治区的冠军选手在全国舞台上比拼教学技能、展示教师风采、角逐中国高校外语教学的最高奖项，我深感荣幸。非常感谢主办单位举办的这次比赛。"外教社杯"全国高校外语教学大赛作为目前我国规模最大、层次最高、影响最广的外语教学专项比赛，已经成为各高校展现外语教学水平的交流平台。在这届比赛中，各位选手独具匠心的教学设计、地道纯熟的语言表达、妙趣横生的课堂活动给了我很大的启发和教学灵感。

参加比赛的过程不仅是和来自全国的同行们切磋技艺，更是在和自己较量，从知识储备、教学技能和情感、体力等各个方面对自己发起挑战。在备赛过程中，学生时代诸位师长的谆谆教诲和亲身示范为我指引方向，对于应用语言学和外语教学领域的学习和研究让我在进行教学设计时更有底气，讲台上日积月累的素材和心得为我提供了支持。从教学素材的分析、教学目标的确定到教学活动和步骤的设计，从语言教学的理念呈现到实际课堂组织的教学手段运用，每一步都凝结了大量的心血和付出，但正是这种经历才让我从日常教学中得到提升，让自己有机会全面总结和反思语言学习规律和外语教学理念。

外语教学是一门艺术，教学本身不仅仅是一种传承，更是一种创新：传承的是对教育发自内心的热爱和敬业奉献精神，而创新则是要让教学在不同时代背景下能满足不同水平的教学对象的学习需求，并能够不断焕发生机和活力。英语就像是打开世界大门的一把钥匙，英语教学应帮助学生把英语语言作为探索世界的工具，鼓励学生利用英语去进行专业探索与研究、去体验不同文化的精彩绝伦。教无定法，语言教师要善于在平时的教学中进行思考和总结。好的教学一定来自于亲身的实践，只有把教学和研究有机结合，才能成为一名真正优秀的大学英语教师。

一路走来，要感谢的人很多：感谢恩师的教导和鼓励，感谢领导、同事的关怀和帮助，感谢学生的信任和认可，感谢家人毫无保留的爱与支持。是你们帮助我勇敢和自由地在梦想中驰骋。在从教十年之际能够参与本次大赛是一种很特别的体验，是对我教职生涯的一次小结，同时也激发了很多新的思考。这次参赛的宝贵经历必将使我受益终生。

大赛是一个新的起点，只有不断反思、不断学习、不断沉淀、不断实践，才能更好地帮助学生进行有效学习。不忘初心，砥砺前行。

授课点评：

丁国声教授点评：

彭一飞老师抽到的授课课文是 "Shanghai's future as a connected, smart city"。她从"什么是智慧城市"这个问题入手，通过让学生分组讨论和描述四组图片，展示了共享单车、网约车、移动支付和外卖送餐等目前大学生广泛使用的仅通过手机就可完成的移动互联、智慧生活业务，让学生意识到信息通讯技术在智慧城市建设过程中的应用。使用学生熟悉的话题作为英语课程中导入部分的教学活动既可以有效激发学生的学习兴趣，又可以补充与目标课文有关的背景词汇，切题、直接，效果良好。在接下来的教学环节中，彭老师通过分段、匹配小标题和填空等形式帮助学生理清了文章脉络，抓住了该文章结构清晰的特点，有效锻炼了学生的略读、跳读等阅读技能。其中穿插讲解 -ity、-ness 等名词后缀以及 EMR、Fintech 等对学生来说比较陌生的语言点，既紧贴课文又对学生的词汇量起到了一定的拓展作用。在最后的环节，彭老师通过引导学生思考智慧城市建设中所面临的挑战，重点指出了在信息通信技术高速发展的背景下人的角色和作用以及保护传统文化遗产这两个问题，有一定深度，有助于培养学生的批判性思维能力。她还围绕这一主题向学生推荐了一些阅读和视听形式的网络拓展学习资源，供学生课后学习，进而完成关于智慧城市的调查作业，既有助于锻炼学生的自主学习能力，又为下一课时深入讲解课文做了必要的准备。

彭一飞老师的英语语言基本功扎实，语音语调地道流畅，教态大方自然，课堂用语准确生动。彭老师对高职院校的学生非常了解，在进行教学设计和课堂讲授时，始终把高职学生的学习特点和需求放在心中，能够体现高职英语教学的特点，这一点难能可贵。总体来看，她能够准确、合理地确定教学目的，把握教学重点和难点；教学活动设计比较合理，从话题导入到新课讲授再到拓展提升，各教学步骤衔接自然，重、难点阐释清晰；教学过程中采用生生、师生互动，注重启发和引导，能够根据学生真实的学习情况及时调整课堂用语，课堂掌控力较强，与学生互动良好，体现了以学生为主体的教学理念；有意识地把听、说、读、写技能安排在几个不同的教学环节里予以重点训练，并且能够结合课文内涵，适时地对学生进行文化意识和自主学习能力方面的培养，体现了较好的外语教学理论修养和课堂教学素养，其亲切、自然的教学风格令人印象深刻。整体来说，这是一堂较为成功的高职英语综合课。

值得探讨之处有：

一、彭老师在教学时间的分配上还可以做些调整。课堂导入环节中，教师首先让学生用英语描述四组图片的内容，然后利用维基百科信息对智慧城市进行了描述，此过程用时六七分钟。在整个教学过程中，此环节所占时间过长，导致讨论智慧城市建设过程中所面临的挑战这个教学环节略显仓促。如果能在输出环节中给学生更多的展示机会，整体教学效果可能更好。

二、在回答评委提问环节，彭老师主要针对自己的教学理念以及在这些理念之下做出的教学设计进行了介绍，最好能言简意赅，在保持答案完整性的同时注意更具针对性和逻辑性。

陈明娟教授点评：

彭一飞老师语言基本功比较扎实，口语流利，语音好，上课投入、有激情，教学自然流畅，具有亲和力。本节课的教学特色可归结为：教学目标明确，表述清楚；教学过程流畅，环环相扣；教学内容清晰，重点突出；内容安排循序渐进，课堂掌控能力强。

彭一飞老师讲授的课文是 "Shanghai's future as a connected, smart city"，其授课围绕lead-in（oral tasks）、exploring the text、reflecting on the topic和assignment四个环节展开，其教学目标是让学生了解未来智慧城市的特点，理解课文的中心思想和篇章结构，掌握重点内容、关键词汇及构词方法，对主题进行思考和讨论。

彭老师用 "What is a smart city?" 作为lead-in，以各种智能设备或网络技术的图片激发学生对主题的兴趣；通过提问和引导学生展开讨论，锻炼学生的口语表达能力；通过讲解和知识补充，使学生真正理解 "What is a smart city?"。这些练习为过渡到课文讲解以及帮助学生理解课文打下很好的基础。

接下来，彭老师带领学生分析课文的篇章结构，以设计巧妙的问题和练习，激发学生主动参与教学活动，使学生在短时间内了解文章的篇章结构和中心思想。同时，她通过精心设计的练习，积极鼓励学生在把握机会多说、多练的同时，掌握课文的关键点和内容。她还通过强调本课中出现的与形容词结合的名词后缀，引导学生掌握名词后缀-ty和-ness的用法，帮助学生扩大词汇量。

学生理解、掌握课文主要内容之后，彭老师很自然地过渡到了critical thinking部分，以 "What might be the challenges of smart cities?" 和 "How to protect the traditional and cultural heritage in developing smart cities?" 这两个问题，引导学生展开讨论，使学生从语言输入过渡到语言输出，达到设定的教学目标和教学效果。

整堂课自然流畅，各环节衔接合理，过渡自然，体现了高职英语课堂教学的特点和需求，做到了以学习和学生为中心，达到了既定教学目标，是一堂非常成功的英语课。

但本堂课仍然存在一些不足：

1. Lead-in部分用时7分钟，在为时20分钟的一堂课中，耗时超过三分之一，这一来显得喧宾夺主，缺乏常规性和合理性，二来使得critical thinking部分时间不足，导致最后结束得有些仓促。

2. Critical thinking部分教师代替学生回答太多，没有充分引导学生积极思考、大胆开口，使得学生语言输出不足。

3. 整堂课使用了PPT来辅助教学，没有使用现场的白板，无任何展示教师板书能力的环节，显得美中不足。

说课点评：

丁国声教授点评：

彭一飞老师说课的课文是"The real cost of travel"。她的说课分为授课对象分析、授课素材分析和教学设计等几个部分。

她一开始便详细说明了其授课对象在英语听、说、读、写等语言技能方面、学习兴趣和习惯方面的水平和特点，大班教学的规模和挑战等。因为针对不同的学生和教学素材有不同的教学目的和教学方法，所以这一环节体现了她教无定法、一切围绕学生、一切从学生出发的教学理念。

接下来，彭老师对课文进行了比较详细深入的分析。她首先从分析文章题目入手，点明文章主题是关于人类的旅游活动对环境带来的影响，然后结合文章的三个小标题，从不同方面对课文进行了归纳和总结。总的来说，分析比较详细，理解基本到位。以往一些选手在课堂设计时，往往将注意力集中在教学方法的选择上，而忽略对教学素材的深度挖掘，教学设计流于模式化，似乎无论何种教学材料都可以套用。但实际上，对教学材料进行细致的分析是非常重要的，因为要想做出好的教学设计，没有对材料的充分和深入的理解是不可能的。

最后彭老师介绍了教学目标和教学设计。她从知识、能力和意识三个方面确定了教学目标，比较清晰、明确。在课堂导入环节，她通过图片、新闻报道等视听资源引导学生们通过小组讨论等形式熟悉课文的话题、激发学习兴趣和锻炼口语技能；在课文讲解环节，通过多遍阅读的方法培养有效阅读策略，并举例介绍了一些将着重讲解的单词、短语、语法等语言点，重点和难点比较突出；最后通过写作形式的作业希望学生思考如何能为生态旅游做出力所能及的贡献，这样既能对课堂所学内容进行复习和深化，又能达到提升学生环保意识的目标。总的来说，其整个教学过程较为完整，各环节之间的衔接较为合理。

但是在说课环节的时间分配方面，彭老师对授课对象和教学素材的分析若能再精炼一些，把更多时间用来阐述教学设计，或许可以将教学理念与教学活动的关联阐述得更加清晰一些。此外，若能对教学环节各个部分的时间安排做个简要介绍，则课程设计的完整性也会增强。另外需注意ecotourism一词的发音。总的来看，彭老师在说课环节所设计的教学模式仍然比较传统。

陈明娟教授点评：

总体上讲，彭一飞老师语言基本功比较扎实，口语比较流利，表达基本准确。彭老师分析了教学背景，拟定了教学目标和教学步骤，在教学安排上，设计了语言知识讲解和语言技能训练等,课堂设计基本完整。

具体而言,彭老师的说课有以下特点:

1. 其内容主要包括两个方面:一是学情分析,二是教学设计。彭老师首先对教学对象进行分析,即二年级、英语水平中等的学生,他们重视英语学习,语法、阅读为其强项,听、说、写作为其弱项,这样的描述基本清楚。其次是教学材料分析,彭老师对文章的理解基本到位,一定程度上体现了她的语言基本功。

2. 至于教学设计,彭老师主要阐述了教学目标和教学步骤。彭老师设定了三方面的目标:知识目标、能力目标和情感目标。知识目标是诸如dump、habitat、ecotourism等语言点的掌握;能力目标是分析文章结构,学会小标题的构思和写作;情感目标是如何进行生态旅游,成为生态旅游者。三个目标比较明确、合理,体现出教师有一定的教学理念。

3. 彭老师的教学步骤包括group presentation、global reading、detailed reading、assignment等四步,从引导学生理解标题,到掌握文章的中心思想,再到几个词缀的讲解、相关问题的讨论,整个教学安排较为流畅、合理,体现了老师一定的教学功底。

几点可商榷之处:

1. 从教学设计来看,彭老师对教学步骤和内容考虑比较周到,但基本上未能突破传统的阅读课教学模式。

2. 在说课过程中,彭老师比较重视关键词、语言结构、构词法的讲解,但对于长句、难句和语法现象的处理方法没有提及,也没有对学生如何掌握这些难点给出明确的建议。

3. 在分析授课对象时,彭老师提到听说和写作为学生的弱项,但教学设计中这些方面的训练并不多。

4. 对于评委提出如何理解小标题Trash on top of the world回答得不够准确,对小标题的深层次含义理解不够。

二等奖　吴燕蔓

参赛感言：

越努力，越幸运！更幸运的是有一个专业、有爱、给力的团队与你一起并肩前行！

选手简介：

吴燕蔓，海南外国语职业学院英语系教师，主要担任综合英语、少儿英语教学法等教学工作。

为遇见更好的自己

都说初生牛犊不怕虎，或许我是所有参赛选手中唯一没有省赛经验的老师。直到颁奖典礼的那天下午，我才知道"外教社杯"全国外语教学大赛是我国规模最大、层次最高、影响最广的外语教学专项比赛，才知道其他28位选手都是过五关斩六将选出来的最优秀的代表，甚至有的选手曾在几年前就已经来到过这个决赛的舞台。我是2017年11月14日上午突然接到参赛通知的，连参赛文章都是电脑直接选派的。我是幸运的，因为可以直接"晋级"全国决赛，但同时也因为没有经验、没有充分准备而没有取得理想的成绩。

虽然只有短短十天的备赛时间，但回首备赛时光，仍感慨万千。如果不是这么一个有实力又温暖的团队，我不可能顺利地走进全国决赛。这个过程是真正的磨砺：从分析文章、收集资料、设计教案、制作课件、剪辑视频到课堂教学演练，上完一遍，大改一次，再上，再改，又再上，又再改。这堂课，毫无疑问是集体智慧的结晶，我只是有幸把它呈现了出来。在磨课的过程中，我们探讨教学理念、教学方法和教学效果。为了整堂课的连贯性和逻辑性，我把课堂上的每一句话都写下来，课堂用语尽量简洁明了，不多说一句废话，更不能说错任何一句指令。

全国决赛的第一天，我有幸到现场观摩学习，结果发现现场学生与之前预想的上外学生有很大差别，在课堂上与教师的配合度不高。事实上，我的课堂上没有一个英语专业的学生，全是非英语专业的大三学生。基于其他选手的经验，课堂上学生自愿举手交流的可能性很小，所以比赛时，我拿着麦克风走到学生面前邀请他们发言，这样一来，她们便只能开口了。此外，仔细听评委的提问非常重要。为保证公平，评委提问基本会延续一个模式直至比赛结束。王海啸教授的英语非常好听，提问的质量也非常高。第一天比赛结束后回到宾馆，我们曾模拟评委提问，以做到心中有数。

能以全国决赛第四名的成绩进入总决赛是我意料之外的，在这之前我从没练习过说课。因为没有省赛经历，备赛时间只有十天，所以完全没有时间与精力进行说课练习。直至参赛前一天晚上，我才匆忙在网上观看了第五届获奖选手的说课视频，才粗略知道说课该分为几个部分。机会是留给有准备的人的，即使从教多年，但说课和平时授课却不是同一回事。后来在台下听其他选手的说课，发现几乎所有选手都有既定模板，只需往模板中套入相关内容即可。至少听起来非常流利，也有一定的理论支撑，而我几乎是一塌糊涂。后来想想，能说完十分钟，也算不容易了。没有付出，当然就没有回报，毫无悬念，我的说课是垫底的。我心中难免觉得遗憾，原本可以更好。除了没有准备，更重要的还是自身综合素质有待提高，尤其是英语文学素养方面。

参加比赛虽不能使人脱胎换骨，但确实能使人成长。认识自身不足，才能遇见更好的自己，才能让学生遇见更好的老师。

授课点评：

吴燕蔓老师授课的课文是"Ice road truckers"。针对这一主题，吴老师设计了三个学时的学习，本堂课主要用于理解文章的主旨大意，掌握一些与课文相关的词汇，并试图通过对课文内容的讨论，帮助高职学生建立未来职业选择的正确态度。应该说，吴老师的教学目标明确，教学重、难点清晰，讲解轻松流畅，教态自然大方，语速适中，展现了良好的职业素养。

在教学流程的设计方面，吴老师的授课环环相扣，主要涵盖六大流程：Step 1: Warm-up; Step 2: Pre-reading activities; Step 3: Reading comprehension (fast reading for the main idea); Step 4: Reading comprehension (reading for the details); Step 5: Thinking more (What kind of job will you choose in the future?); Step 6: Assignments。简单的热身问题后，吴老师导入了一个生动的教学视频，通过直观视觉冲击，让学生迅速了解了ice road truckers的职业，并通过答案的串联，引导学生简单描述该职业，很有效率。课文讲解部分，吴老师主要采用了寻找各段主题句和关键信息点——required personalities和possible dangers——的方法，帮助学生建构课文大意，并针对高职教学以职业为导向的原则，和学生探讨了未来职业选择的要素：高薪高压力还是低薪低压力、个性特点等。整个课堂气氛活跃，师生互动形式多样，小组合作、启发性思考都很精彩。此外，本堂课还为后两次课的展开布置了两个有针对性的作业，一是找出文章中较难的句子与表达，二是作文"我对未来职业的选择"，有效完成了课堂内容的衔接。

不足与建议：

1、教学目标的第二点，教师设定为帮助学生掌握一些与课文相关的词汇及表达，但在细节阅读部分，教师仅仅强调了寻找两个关键信息点，完全忽略了对文本语言知识点，尤其是一些难词及表达的讲解。语言知识是语言教学最为基础也最为重要的部分，没有对基础知识的理解，高职学生很难真正理解文章大意。专家提问时也涉及对句子及重点表达的理解，因为参赛教师不能在授课比赛中忽略语言点的讲解，而只是把所有的语言点讲解都放到"下一节课"上进行。

2、第五部分讨论的题目设计得有点大而泛。学生的职业选择是宏大的命题，涉及的要素很多，不会只包括课文中所提到的个性特点、薪水及压力三个要素，如果设计一个小小的辩论，谈一谈"你会选择高薪、高压力还是低薪、低压力的工作？为什么？"可能更合理。

邵红万教授点评：

吴燕蔓老师教态自然，自始至终面带微笑，具有很强的亲和力。她授课环节选文的标题为"Ice road truckers"，她授课的最大特色是有针对性地进行教学设计。具体分析如下：

1. 以"Can you drive？""Can you drive a truck？""Can you imagine driving a truck on the ice road？""Would it be easy？""Would it be cool？""Would it be dangerous？"等一系列问题引入主题，激发学生学习课文的兴趣。问题导向有利于教师发挥对学习活动的积极引导作用，层层推进学习活动。遗憾的是大多数问题都是一般疑问句，不利于调动学生进行积极思维或运用英语表达思想。

2. 针对高职学生运用完整句子表达思想的能力较弱的现象开展教学设计，巧妙地引导学生将who、where、what等三个问题的答案连词成句，旨在培养学生用完整的句子表达思想的能力。

3. 通过主题句引导学生掌握选文大意，提醒学生主题句一般位于句首、句中或句尾。因为大多数高职生对有效开展英语学习缺乏认知，所以授之以渔尤为重要。

4. 选文的第六段缺乏主题句，吴老师运用学习支架理论（scaffold theory）将主题句设计成blank filling，降低任务难度，引导学生归纳出主题句。

5. 运用PPT、图片、视频等多种媒体手段辅助教学，对主题知识采用可视化结构处理（见图示一），加深学生对所学内容的印象。巧妙地运用PPT归纳总结散落的选文要点（见图示二），帮助学生掌握主题知识。

图示一

图示二

吴老师授课需改进之处在于偏重课文理解、弱化语言知识和语法知识讲授，对sub-zero conditions、for days on end、frozen emptiness、in convoys、submerge、in place等一些比较难的表达法未加以解释。作为教学比赛的一节课，对语言知识或语法知识的讲解理应是一堂英语课的重要考查点。其次，讨论完ice road truckers应具有的素质之后，PPT页面（见图示三）切换过快，最好能让学生重复一遍以提高语言知识的"吸收率"，将主题知识与语言知识的学习有机结合。第三，讨论课文时学生多次提及"The car may break down ..."，而吴老师未加纠正，这里应适时提醒学生我们讨论的是"The truck ..."。高职生对措辞准确性缺乏足够认知，需教师适时以恰当方式进行纠正，强调措辞的准确性。吴老师授课中对payment一词的使用准确性欠佳（见图示四），应改为pay。第四，讨论未来择业（见图示四）时学生回答挣钱多就可获得自信，实现自我价值，吴老师针对这样的回答用"Cool!"进行评价不够恰当，应加以正确引导，帮助他们树立正确的人生观和价值观。

图示三   图示四

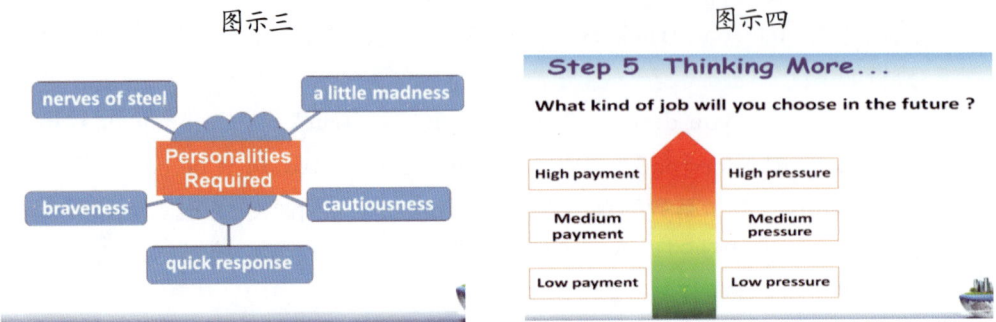

在回答问题环节，第一个问题针对吴老师在授课过程中将"more than a little madness"删减为"a little madness"是否应该? 吴老师准确地理解了问题，领会了评委的提问意图，快速给予了回答，表述基本准确。但她未能充分领会 frozen emptiness 的含义，只解释了表层意思。针对评委的第二个问题，吴老师给出理由，讨论环节不仅鼓励学生运用所学语言知识进行口头表达，强化语言输出，而且引导学生对未来择业进行思考，树立正确的择业观。

说课点评:

贺雪娟教授点评:

　　说课不同于授课,需要在有限的时间内说清楚三个问题: 教什么、怎么教、为什么这么教。吴燕蔓老师将自己的说课分为两个部分,第一部分是text analysis,第二部分是teaching plan。她首先简单明了地概述了文章的主旨大意,以及作者的写作意图,即"教什么"的问题,然后详细介绍了本堂课教学的基本流程,即"怎么教"的问题,主要包括五个步骤: lead-in, fast reading, detailed reading, discussion, assignments。在导入部分,通过引入学生感兴趣的问题和播放与污染相关的视频,引起学生的情感共鸣;接着是文章的结构分析,学生通过寻找主题句、回答问题等方式掌握文章脉络;然后进入重点词句讲解,如: harmful effects、impacts、ecotourism等;最后,讨论应对策略,布置课后任务(准备就"如何做一个文明游客"进行演讲)。整个讲解思路清晰,层次分明,表达流畅,任务安排合理,既有文本结构的分析,也有语言知识的讲解,更有教书育人的思考,同时也比较注意对学生积极性的调动。在答问环节,吴老师沉着淡定,基本把握住了问题的核心。

　　尽管如此,吴老师的说课依然存在一些可完善之处。首先,在回答"教什么"的阶段,除了文章内容简介以外,对本堂课的教学目标、教学重点和难点、教学方法与手段等内容缺少一个较为清晰的概述。其次,吴老师的说课几乎很少提及"为什么这么教"的问题,缺少适当的学情分析,对于设计中可能遇到的问题,缺乏必要的应对方案。最后,吴老师的说课与授课比赛中的形式与步骤基本相似,缺少新意。在今后的教学中,吴老师可以更大胆地尝试不一样的阅读教学。

邵红万教授点评:

　　吴燕蔓老师说课思路清晰、过程完整。说课选文的标题为"The real cost of travel"。说课分为text analysis和teaching plan两部分。课文分析围绕大众游对海洋和山脉等造成污染以及ecotourism是解决污染的最佳途径。教案包含lead-in、general understanding of the text、discussion和assignments四个部分。吴老师仍借助问题层层推进教学。然而,说课套用了授课框架,过于程式化,学生往往易产生厌烦情绪。其次,未明确教学对象,教学目标及教学重、难点的确立也就失去了依据,缺乏针对性。第三,未能紧密结合选文,而是较多使用笼统的元话语,且语言的流畅度和准确性有待提高。第四，忽视对诸如upwards of等语言难点以及Patagonia, Mediterranean, Gibraltar等地名的解释。殊不知，语言知识最具迁移性。高职生词汇能力普遍较弱，应利用一切学习机会丰富他们的词汇量。

在回答问题环节，对第一个问题吴老师由于紧张而未能准确理解评委提问的意图，未加思考，急于回答，结果答非所问，最后在评委老师的耐心引导下，基本答到要点。第二个问题涉及教学设计如何付诸实践，吴老师准确理解了评委提问的意图以及问题要点，回答较为到位，表述基本准确。

1. Shanghai's future as a connected, smart city

Bob Moritz

Shanghai has begun its journey on an exciting new path to becoming a truly smart city. By using the Internet and related technologies to the full, it aims to be a center of technological innovation that is important in economic and cultural transformation. While there are many challenges and opportunities, I would like to focus on three areas that are great opportunities for Shanghai. They are: improved health, smart business, and mobility supported by connectivity.

Healthy living is of great importance if a city is to prosper. Shanghai plans to take the lead in advancing tech-led healthcare in China. Connectivity is going to play a big part in this. It will cause great changes in existing health planning through much better coordinated management of patient care. Improving electronic medical records (EMR) is one example of this. By introducing a complete EMR system based on more effective collection and use of data, providers can own more information than ever before. This helps the individual to focus on preventive action to protect health conditions from getting worse.

New technologies are leading to new ways of thinking. Investments in areas like the credit system, e-transactions, clearing and tax are designed to take connectivity in financial services to a whole new level. Fintech is perhaps the best illustration of this improvement. It has attracted many companies in Shanghai and is already changing the traditional value chain.

As a famous financial center with strong assets and a large number of talented people, Shanghai is well qualified to make the most of Fintech. An important condition for success is the ability to meet customer needs ever more precisely and deliver great experiences. The responsibility is on financial services firms to offer truly customer-oriented services if they hope to serve a rising new group of clients and continue to keep their old customers.

Entirely at ease with social media, the young people of Shanghai are adopting new ways of living powered by mobile technology. Mobile phone maps, navigation and online riding services make it easier than ever to get around town. At the same time, environmental monitoring is becoming more consistent. This is reinforcing the efforts to lower emissions and helping to make commitments to targets more realistic than ever.

Education services are increasing greatly through an incredible range of websites and apps, supporting learning for all ages, as well as connecting teachers, administrators and parents. You can now learn about almost anything, anywhere. The limitations to people's potential that were hard to overcome now seem a memory of a long time ago.

We believe that the changes Shanghai is experiencing today will help it become one of the world's truly smart cities for others to follow.

(463 words)

2. Where are all the plumbers?

For the past few days I've spent most of the time making a little stool for Emily. I like the whole process of writing but when I get back there in my workshop, I notice that I'm quite happy.

I don't understand why more people don't get their satisfaction from working with their hands. Somehow, a hundred or more years ago something strange happened in this country. Americans began to think that people who worked with their hands were not as smart as those who worked with their brains. The carpenters, the plumbers, the mechanics, and the farmers were put in a social class below the bankers, the salesmen, and the doctors. The jobs that required people to work with their hands were generally lower-paying jobs and the people who took them had less education.

Another strange thing has happened in recent years. It's almost as though the working people who really know how to do something other than make money are striking back at the white-collar society. In all but the executive jobs, the blue-collar workers are making as much as or more than the teachers, the accountants and the office clerks.

The apprentice carpenters are making more than the young people starting out as bank clerks. Master craftsmen are making $60,000 a year and many are making double that. In most large cities, automobile mechanics charge $45 an hour. A mechanic working in the service department of a car dealer in Los Angeles or New York can make $60,000 a year. All this has happened, in part at least, because the fathers who were plumbers made enough money to send their children to college so they wouldn't have to be plumbers.

In England, a child's future is determined at an early age when the child is put either in a school that gives a classical education or one that puts emphasis on learning a trade. The people who work with their hands as well as their brains still aren't likely to belong to the local country club. The mechanic at the car dealer's may make more money than the car salesman, but the salesman belongs to the club and the mechanic doesn't.

It's hard to explain why we don't have enough people who do things well with their hands. You can only say that it's because of some confused sense of values we have that makes us think it is better to sell houses as a salesman than it is to build them as a carpenter.

To further confuse the matter, when anyone who works mostly with his brain, as I do, does something with his hands, as when I make a piece of furniture, friends give high praise. So, why is it that the people who do it professionally, and far better than I, aren't in the country club?

My point is that considering how enjoyable it is to work with your hands and how much money you can make in those jobs, it is curious that more young people coming out of school aren't learning a trade instead of becoming salesmen.

(515 words)

3. Red Adair, troubleshooter extraordinary

Red Adair, who was famous for putting out dangerous oil well fires around the world, is one of the most extraordinary troubleshooters to have ever lived.

Born in Houston, Texas in 1915, Paul Neal Adair was one of eight children of a very poor family. Paul got the name Red Adair because of his bright red hair. This color became his trademark. He wore red clothes and red boots, drove a red car, and his team used red trucks and red equipment.

In 1938, Red Adair got his first oil-related job with the Otis Pressure Control Company. After World War Two, he was employed by Myron Kinley who, at the time, was the world leader in putting out oil well fires. He worked with Myron Kinley for 14 years. In 1959, Adair set up his own company.

During his 36 years in business, Red Adair and his crew troubleshot more than 2000 fires all over the world. Some were on land; others were on oil platforms at sea. Adair developed modern methods and special equipment to help extinguish oil well fires, and was known for being fearless, calm and safe. None of his workers were ever killed while working. They were the "best in the business."

One of Red Adair's most dangerous jobs was in 1962. He and his men put out a natural gas fire in the Sahara Desert in Algeria. The fire, which had been burning for six months, was so big that American astronaut John Glenn could see it from space and the sand around it had melted into glass. It was called the "Devil's Cigarette Lighter."

Adair's work was so extraordinary that in 1968, Hollywood made an action film called *Hellfighters*. Actor John Wayne played an oil well troubleshooter whose life was similar to Adair's. Adair served as an advisor to Wayne. The two men became close friends. Adair said one of the best honors in the world was to have John Wayne play him in a movie.

In 1988, Adair troubleshot what was possibly the world's worst ocean accident. It was at the Piper Alpha oil platform in the North Sea. 167 men were killed when the oil rig exploded after a gas leak. The problem was that not only did Adair have to stop the fire, but there were winds blowing at more than 120 kilometers an hour, and the sea was at least 20 meters high.

In March of 1991, Red Adair went to Kuwait to put out about 700 Kuwaiti fires following the Persian Gulf War. His efforts saved millions of liters of oil, and helped prevent an environmental tragedy.

Red Adair spent his 76th birthday in Kuwait working side by side with his men.

When asked when he might retire, he said: "Retire? I do not know what that word means." However, he finally retired three years later and died at the age of 89 on August 7th, 2004. Many Americans remember Red Adair as a very brave man, who risked his own life to help others.

(506 words)

4. Attitude is everything

Jerry was always in a good mood and had something positive to say. When someone asked him how he was doing, he would reply, "If I were any better, I would be twins!"

I was curious about this guy, so one day I asked Jerry, "I don't get it! You can't be a positive person all the time. How do you do it?"

Jerry replied, "Each morning I wake up and say to myself, 'Jerry, you have two choices today. You can choose to be in a good mood or you can choose to be in a bad mood.' I choose to be in a good mood. Each time something bad happens, I can choose to be a victim or I can choose to learn from it. I choose to learn from it. Every time someone comes to me complaining, I can choose to accept their complaining or I can point out the positive side of life. I choose the positive side of life."

"Life is all about choices. You choose how you react to situations. You choose how people will affect your mood. You choose to be in a good or bad mood. How you live your life is your own choice." I reflected on what Jerry said.

Soon I left the restaurant industry to start my own business. We lost touch, but often thought about him when I made a choice in my life. Several years later, I heard that Jerry was shot and badly wounded in a robbery when robbers came in through the back door that Jerry had left open. Luckily, Jerry was found quickly and rushed to the local hospital. After 18 hours of surgery and weeks of intensive care, Jerry was released from the hospital. I saw Jerry about six months after the accident. When I asked him how he was, he replied, "If I were any better, I'd be twins. Want to see my scars?"

I declined to see his wounds, but did ask him what had gone through his mind as the robbery took place. "The first thing that went through my mind was that I should have locked the back door," Jerry replied.

"Weren't you scared?" I asked. Jerry continued, "The paramedics were great. They kept telling me I was going to be fine. But when they took me into the emergency room and I saw the expressions of the doctors, I got really scared. In their eyes, I read, 'He's a dead man.'"

"I knew I needed to take action." "What did you do?" I asked. "Well, a nurse shouted questions at me, asking if I was allergic to anything," said Jerry. "I replied, 'Yes.' The doctors and nurses stopped working as they waited for my reply. I yelled, 'Bullets!'"

"Over their laughter, I told them, 'Operate on me as if I am alive, not dead.'" Jerry lived, thanks to the skill of his doctors, but also because of his amazing attitude. I learned from him that every day we have the choice to live fully. Attitude, after all, is everything.

(511 words)

5. There's a lot more to life than a job

Reading a survey report on first-year college students, I recalled the regret, "If only I knew then what I know now."

The survey showed what I had already learned from my own students: if it (whatever it may be) won't compute and you can't drink it, smoke it or spend it, then "it" has little value.

According to the survey based on answers from over 188,000 students, today's college students are "more materialistic and less idealistic." The students' major objective "is to be financially well off. Less important than ever is developing a meaningful philosophy of life." So today the most popular course is not literature or history, but accounting or business. That is not a surprise. A friend of mine, a saleswoman, was making twice the salary of college teachers during her first year on the job.

"I'll tell them what they can do with their (music, history, literature, etc.)," she was fond of saying. Actually, I'm proud of the young lady, not her attitude but her success. But why can't we educate people for life as well as for a career? I believe we can. In a time of increasing specialization, we need to know what is truly important in life more than ever.

This is where age and maturity would play an important role. Most people, somewhere between the ages of 30 and 50, finally realize that they wish they would do more than serve a company or whatever. Most of us finally come to understand that the quality of life is not completely determined by money. Sure, everyone wants to be financially comfortable, but we also want to feel we understand the world beyond the limit of our jobs.

If it is a fact that the meaning of life does not become clear until middle age, is it then not the duty of the schools to prepare the students for the day when the truth does come to them?

It is true that we all need a career, a successful one if possible. It is also true that the human world has collected a huge amount of knowledge in fields different from our own. And we are better for our understanding of these other contributions. It is equally true that, in studying the wisdom of others, we learn how to think. More importantly, perhaps, education teaches us to see the connections between things, and to see beyond our immediate needs.

But the most important thing is that we improve our moral sense in studying the wisdom of all ages. I once saw a cartoon which pictures a group of businessmen looking confused as they sit around a conference table; one of them is talking on the intercom: "Miss Baxter, could you please send in someone who can tell right from wrong?"

That is what education really ought to be about. Let us hope that our teachers answer students' cries for career education, but at the same time let us make sure that students are prepared for life. There is a lot more to life than a job.

(511 words)

6. From hero to zero

In January 2008, hours after saving his plane from crashing at Heathrow Airport, Captain Peter Burkill was being praised as a hero. Only days later, when reports appeared in the press accusing him of freezing at the controls, he became a villain. How did this extraordinary transformation come about?

Peter Burkill was the pilot on flight 38 from Hong Kong and ultimately responsible for the lives of its 152 passengers. Seconds before landing, two of the plane's engines failed. With the plane losing height fast, Burkill let his copilot John Coward take the controls while he himself adjusted the wing flaps to help the plane reach the runway. His risky decision worked. The plane missed some houses and landed heavily on the grass just short of the runway. After skidding for a few hundred feet, it miraculously came to a stop without turning over. The passengers escaped without serious injury.

However, this was not the version of events that began to circulate among British Airways staff in the following days, whether because they just liked to gossip or felt Burkill was incompetent. Word went around that rather than taking control of the plane, Burkill had frozen. Worse, it was reported that he had failed to issue a mayday call and had not evacuated the passengers correctly.

Some newspapers, sensing a chance to sell more copies, picked up the story, claiming that John Coward was the real hero. They published details of Burkill's colorful past, painting a picture of a well-paid pilot who had lived the life of a playboy, and had let down his crew and passengers. Worse still for Burkill, it wasn't even his word against theirs. British Airways banned him from speaking about the events until the full investigation by the Air Accidents Investigations Branch (AAIB) was complete.

Overnight, Burkill's life changed. Before the accident, he had had everything: a great job, a beautiful home, a loving family, and the respect of his colleagues. Now he felt betrayed and desperate. The stress put enormous pressure on his family. He begged the company to issue a statement to clear his name, but they refused, clearly anxious to avoid bad publicity in case the official investigation found Burkill guilty. Even when they published their own internal report in May 2008, clearing him of any wrongdoing, it was only read by the senior management. No word of it reached his close colleagues, and rumors circulated that crew members were afraid to fly with him. He wrote to BA's chief executive asking for help, but got no reply.

The official AAIB report, the result of a completely independent inquiry, was finally published in February 2009. It concluded that ice had formed in the fuel system during the approach to Heathrow, cutting the fuel supply to the engines. The actions of the crew had saved the lives of all on board, it said, in particular Captain Burkill's split-second decision to reduce the flap setting.

The pilots and thirteen cabin crew were awarded the British Airways Safety Medal and the story of Peter Burkill the hero once again made the headlines.

(515 words)

7. Edge kids and influencers

Whatever New Yorker Katy Benson wears, other people notice. It might be something she made herself, or an odd combination of things she has put together. Sometimes her friends say: "It looks strange, but it is OK on you." Other times, they cannot wait to copy her clothing style.

Clothing manufacturers in America know that these creative "cutting-edge" kids like Katy are wearing today what millions of others will want to wear tomorrow.

There are over 40 million potential customers in the 15 to 24 age group and they spend an average of $8,750 each! A lot of that money is spent on clothes. But fashions change quickly. Manufacturers have to design, produce and ship the right product to the stores at the right time. To have their help with this difficult job, manufacturers often invite "Edge" kids like Katy to come and discuss new products and fashions. These teenagers do not have to buy anything. They are paid for their opinions. They are very helpful in deciding the fashion a company should and should not manufacture.

"Influencers" are another important group. They do not invent new trends, but they are quick to adopt the ones they see and like in the shops. They have status among their friends, and their choice of clothing quickly becomes the choice of others, while the things they don't choose never become mainstream.

Sam Oleksi is an influencer. He constantly looks for things that are new, and he shops everywhere. People see and copy his choice of clothing. But by the time they do that, Sam is wearing something else.

Megan Martin, a 14-year-old from Manchester, is also an influencer. Like many 14-year-old girls, she loves shopping. But she doesn't shop in the local shopping center: the brands come to her. "A lot of manufacturers send me make-up, jewelry and clothes," she says. Megan is one of a growing number of "video makers." She makes videos and posts them on the Internet to show off her latest purchases. This trend is becoming very profitable, both for the influencers and for the manufacturers. One Australian shoe company paid Cheryl Gale, another video maker, $600 and gave her three pairs of $180 shoes in exchange for a nine-minute Internet video. "We tripled our sales as a direct result," says its co-founder Jules Manson.

Age doesn't have anything to do with how good the influencers or video makers are. Tami Goodins started to be an influencer at the age of 13. Now 15, Tami has already been invited to Fashion Week events. She has been interviewed by fashion designers, appeared on the cover of a fashion magazine, and more importantly, she has influenced a complete fashion collection. Young Tami is now a valuable asset for all fashion-related brands. If she wears a certain item, many young girls will buy it.

Edge kids and influencers make up fewer than one in five of their generation, but their importance is far greater than their numbers. It is they who largely decide what will soon be worn by the other 80%.

(509 words)

8. Ice road truckers

Could you spend three months driving a truck in sub-zero conditions with only short periods of sleep for days on end? Could you drive a truck across a two-inch-thick sheet of compressed ice?

There is a popular TV series about working on the ice roads of Canada's far north. It is called *Ice Road Truckers* and it's all about the men and women who are brave enough to transport goods across the northern regions that only have access roads for part of the year. This is because the "roadways" are made of ice that stretches for many miles across nothing but open, frozen lakes. The supplies and materials that these truckers bring are always essential to the working of these areas, whether it's oil, food and medical supplies or building materials and machinery for industry.

Driving on the ice roads isn't a job that every truck driver can do. It takes nerves of steel and more than a little madness to get out there and travel across miles and miles of frozen emptiness. Most drivers who try this sort of work turn around the first time they hear the ice cracking under the huge weight of their trucks. Others make it across the frozen ice to their destination but decide the stress is not worth the money, although the money is great.

Even the slightest mistake or fault in the road could cost a driver their life. The trucks all travel in convoys at a slow and steady pace. If a truck has to stop for any length of time, a major disaster could occur, because the ice is not able to take the pressure of a heavy weight in one spot for long. If a truck breaks down, it is a race against time to get moving again. If a truck does break through the ice and sinks, the driver has less than a minute to get out of the icy water before he dies.

One of the worst sights an ice road trucker can see on his journey across the emptiness of the ice road is the front of a big truck, half submerged in the ice and frozen in place. The driver obviously tried to get across the ice road too quickly or at the wrong time of the season. That is why constant checking of the ice is so important to the safety of the trucks and their drivers. The information from these checks can tell the drivers how fast they can travel and what distance they must maintain from each other on any given part of the ice road.

Dianne Rowland, wife of an ice road trucker, was perfectly happy to let her husband disappear into the great white north for a couple of months every year, trucking goods and equipment to and from the mines in the Arctic Circle, until she saw the first episode of *Ice Road Truckers*. Five minutes after the documentary started, she said she would not let him go back.

(500 words)

The real cost of travel

Mass tourism is a relatively recent phenomenon. The tourism industry took off in the middle of the last century and it's been growing ever since. In the last ten years especially, more and more people have been travelling to places we had previously only read about or seen on television. But what kind of impact does tourism have on the planet?

A voyage to the end of the earth?

A large cruise ship can carry as many as 6,000 passengers and there are upwards of 50 such ships currently sailing the seas. Cruise ships dump about 90,000 tons of waste into the oceans every year. Any harmful effects of this are made even worse by the fact that cruises tend to visit the same places over and over again, thus concentrating the waste in specific places. In Patagonia, this is now having a visible effect on wildlife. The population of animals such as the Magellanic penguins has been in decline for some years now, and things show little sign of changing.

Trash on top of the world

From remote ocean habitats to the world's highest mountain, our trash is everywhere. Despite the fact that far fewer people go climbing or trekking in the Himalayas than on a cruise, their impact is still felt. Tourism is vital to the economy of Nepal, as it is to many non-industrial countries. But for decades, climbers have been abandoning their unwanted equipment on Mount Qomolangma. For the last few years, clean-up teams of local and international climbers have been organizing expeditions just to pick up the waste. One group has brought over eight tons of waste down from the mountain! But their actions don't stop there. The Japanese teams, for example, have also been educating other climbers back home in Japan about being more responsible on the mountain.

When more is not better

Tourism of a different kind is causing problems in Europe. Construction on the Mediterranean coast has been spiraling out of control for years. Beach resorts form an almost unbroken line from Gibraltar to Greece, and natural habitats have disappeared under miles of concrete. And so we pollute the sea, the land, and the air. Low-cost air travel is booming, in spite of (or perhaps helped by) economic problems. For many Europeans, low-cost flights allow them to take several short vacations a year. Yet curiously, short flights actually have a much bigger effect on climate change than long-haul flights. So, are there less damaging ways of seeing the world? Travelling by train, for example, is a much greener way of getting around. And many places have been experimenting with low-impact tourism such as ecotourism. It's time to ask ourselves some difficult questions. Have we been destroying the very places we're escaping to?

(458 words)

网络下载资料目录

特等奖

刘晓兰　　　授课视频　　　说课视频　　　PPT

一等奖

章昀萱　　　授课视频　　　说课视频　　　PPT
罗　玲　　　授课视频　　　说课视频　　　PPT
冯　伟　　　授课视频　　　说课视频　　　PPT

二等奖

刘　颖　　　授课视频　　　说课视频　　　PPT
秦雅芬　　　授课视频　　　说课视频　　　PPT
季佳平　　　授课视频　　　说课视频　　　PPT
姚素华　　　授课视频　　　说课视频　　　PPT
彭一飞　　　授课视频　　　说课视频　　　PPT
吴燕蔓　　　授课视频　　　说课视频　　　PPT

三等奖

潘　旭　　　授课视频　　　PPT
温亚楠　　　授课视频　　　PPT
边宇琪　　　授课视频　　　PPT
梁笑梅　　　授课视频　　　PPT
赵翠玲　　　授课视频　　　PPT
汪小培　　　授课视频　　　PPT
姚　瑶　　　授课视频　　　PPT
董玲玉　　　授课视频　　　PPT
王秀娟　　　授课视频　　　PPT
吕红丽　　　授课视频　　　PPT
田　添　　　授课视频　　　PPT
毛陶天　　　授课视频　　　PPT
李宝强　　　授课视频　　　PPT
郭冬梅　　　授课视频　　　PPT
赵丽娟　　　授课视频　　　PPT
陆慧娟　　　授课视频　　　PPT
郑李春　　　授课视频　　　PPT
张　莹　　　授课视频　　　PPT
保　静　　　授课视频　　　PPT